QUÉ HACER CON LOS CONFLICTOS

CLAVES PARA COMPRENDERLOS, MANEJARLOS, TRANSFORMARLOS Y SOLUCIONARLOS

ALEJANDRO PONIEMAN

Qué hacer con los conflictos

Claves para comprenderlos, manejarlos, transformarlos y solucionarlos

Editorial Losada

Ponieman, Alejandro
  Qué hacer con los conflictos - 1ª ed. - Buenos Aires: Losada, 2005. - 264 p.; 23 x 13 cm.

  ISBN 950-03-9406-5

  1. Derecho I. Título.
  CDD 340

1º edición: diciembre de 2005

© Editorial Losada, S. A.
  Moreno 3362
  Buenos Aires, 2005

Tapa: *Ponieman - Murlender*
Interiores: *Taller del Sur*

A MIS PADRES, *que fueron guía, modelo y estímulo.*

A MIS MAESTROS, *muchos de los cuales
lo fueron aun sin saberlo.*

*Mi agradecimiento a Gerard Nierenberg y Juan José Tapia
por señalarme el camino,
a Silvia Arazi por su crítica estimulante,
y a mis asistentes
Sonia Costa, Paula Zawoioski y Chantal Holjevac,
pacientes traductoras de mis jeroglíficos.*

El prólogo más deseado

Una fortuita e invalorable experiencia me inspiró para escribir este libro, dándome la posibilidad y la necesaria osadía para pedirle al ilustre maestro Ilya Prigogyne, cuyo Premio Nobel apenas es pálido reflejo de la inconmensurable contribución que como científico humanista y filósofo hiciera a la Humanidad, una introducción al mismo.

La generosa propuesta del doctor Juan Tobías, Rector de la Universidad del Salvador me había llevado a compartir, tiempo atrás, un panel con el tan laureado científico para hacer una contribución acerca del impacto de sus tesis sobre el caos y la incertidumbre en el campo social y en especial respecto del ámbito de los conflictos.

Con la ayuda del ingeniero Miguel Guerrero, pude terminar de descifrar las intrincadas fórmulas matemáticas que jalonaban el mensaje de sus libros, para hallar un sentido a mi presencia en la citada conferencia. Lo encontré al advertir que el fenómeno que el profesor Prigogyne describía y avizoraba, un hoy con porvenir cada vez más incierto y desafiante, en el que las certezas pasaban a ser sólo meras probabilidades, ya mostraba significativos indicadores de repercusión en los más diversos sectores de la sociedad.

La anunciada crisis de las verdades absolutas que sustentan toda creencia o convicción, permitiría una apertura mayor, abriendo nuevos espacios para la tolerancia y la admisión de lo diferente, concluí.

Entusiasmado con esa "visión", que se convalidaba con la llamativamente sincrónica e inédita expansión en todo el planeta de esquemas asociativos entre países que otrora fueran acérrimos enemigos, y del uso de métodos no confrontativos de solución de disputas como la mediación, un tradicional recurso que reaparecía después de haber caído en olvido, decidí emprender la aventura y le hice la propuesta de prologarlo en posteriores encuentros en que abordamos el tema.

Si la secuencia natural era el surgimiento de un nuevo orden a partir de que un sistema o estructura deviene inestable, la relación con la alternancia entre orden y conflicto en la interacción humana era perfectamente compatible, coincidíamos.

Pese a que el sustento de sus refutaciones a los antes indiscutidos postulados de la física lo encontrara con el rigor de las ciencias duras, su percepción era, tomando en cuenta antecedentes históricos, que ante la aparición de nuevos descubrimientos y corrientes científicas también se alteran y nacen diferentes paradigmas que transforman a la Humanidad toda, tarde o temprano.

No me imaginaba que él estaba a poco de dejar este mundo cuando finalmente le hice llegar el esbozo del libro, y me respondió que dudaba si sus problemas de salud le permitirían asumir el esfuerzo. Por tal motivo, me sugirió utilizara un artículo de reciente data que al efecto me envió y, con inmensa gratitud, incluyo.

Ilya Prigogyne, como se verá, no era un científico encerrado en una campana de cristal, sino un ser humano que integraba su preclara y revolucionaria mente científica al permanente análisis de la realidad social con profunda vocación docente y humanística. Compartir sus serenos y profundos conceptos sobre las relaciones entre la historia de los eventos sociales, los conflictos, y las corrientes científico-culturales fue para mí una invalorable experiencia, esclarecedora y transformadora. Como diría él, una bifurcación en el camino de la vida.

La incitación a ser protagonistas y no permanecer como sujetos pasivos, pendientes o sometidos a los avatares de los conflictos que nos acechan, el reconocimiento de la complejidad en el nivel interpersonal y el lugar preponderante de la creatividad, se verán reflejados en las páginas que siguen. Así también aparecerán respuestas a la incertidumbre ínsita en el desencadenamiento de disputas o confrontaciones que quiebran la armonía y que nos alejan del equilibrio, pues estas son algunas de las analogías que se verifican tanto entre los comportamientos humanos como en los fenómenos de la naturaleza a que apunta Prigogyne.

Compartir el mensaje del inolvidable maestro que sigue, me colma de satisfacción y esperanza. La mezcla de realismo y optimismo que expresa, ha impregnado las proposiciones de este libro en el que se confrontan con los aspectos prácticos, tácticos y estratégicos adquiridos a través de experiencias propias y ajenas transformando disensos destructivos en acuerdos fructíferos.

"Carta a las futuras generaciones"

Escribo esta carta con toda humildad. Mis trabajos se sitúan en el área de las ciencias. No me dan una calificación particular para hablar del futuro de la humanidad. Las moléculas obedecen a leyes. Las decisiones humanas dependen de la memoria del pasado y de la previsión de lo que vendrá. La perspectiva donde yo veo el problema del pasaje de la *política de guerra a la de la Paz* –para utilizar *la expresión de Frederico Mayor*– se ha visto ensombrecer en el curso de los últimos años. Pero me mantengo optimista. Cómo un hombre de mi generación (nací en 1917) no seria optimista? No hemos asistido acaso al milagro de la victoria de la libertad sobre odiosos poderes totalitarios.

Al salir de la última guerra, todos habíamos creído en una renovación de la historia. Hubo acontecimientos que justificaron este optimismo. Las Naciones Unidas, la UNESCO, la proclamación de los derechos del hombre, la descolonización, fueron las etapas marcantes. Más generalmente todavía, fueron el reconocimiento de las culturas extraeuropeas, la regresión del eurocentrismo y la disminución de la desigualdad supuesta entre civiles y no civiles. Fue también la regresión a la división entre las clases sociales, sobre todo en los países occidentales.

Estos progresos se dieron bajo la amenaza de la guerra fría. Fue gracias a la caída del muro de Berlín que llegamos a creer que finalmente se realizaría el pasaje de las políticas de guerra a las políticas de paz. Sin embargo en la década siguiente no se tomó ese camino. Asistimos a la persistencia y a la amplificación de conflictos locales (ya sea en África o en los Balcanes). Esta pudo ser un resultado de vestigios del pasado. Pero además de la amenaza nuclear siempre presente, aparecieron nuevas sombras: los progresos de la tecnología militar permitieron una guerra "pulsa-botón", similar a un verdadero juego electrónico.

Yo soy uno de quienes participaron de los orígenes de la política científica de la Unión Europea. La ciencia une los pueblos. Ha creado un lenguaje universal. Muchas otras áreas en cambio, exigen una solidaridad internacional ya sea en la economía o en la ecología. Estoy todavía más asombrado cuando veo que para marcar la unidad europea, los gobiernos buscan proveerse de una armada europea. ¿Una armada contra quien? ¿Dónde se encuentra el enemigo? Por qué ese crecimiento continuo de presupuestos militares, tanto en los Estados Unidos como en Europa? Hace a las generaciones futuras el tomar una posición al respecto. En nuestra época y mas todavía en el futuro, las situaciones pueden cambiar a un ritmo jamás visto en el pasado. Tomaré como ejemplo a la ciencia.

Hace cuarenta años, el número de científicos que se interesaban en la física de los sólidos y la ciencia de la información no excedía unas cuantas centenas. Era una "fluctuación" en relación al conjunto de las ciencias. Hoy en día, estas disciplinas han tomado tal importancia que tienen consecuencias decisivas para la historia de la humanidad. Se ha registrado un crecimiento exponencial del número de buscadores que trabajan en este sector de la ciencia. Es un fenómeno de una amplitud sin precedentes que deja bien atrás el crecimiento del budismo o el Cristianismo.

Mi mensaje a las generaciones futuras quiere darles argumentos para luchar contra la resignación y el sentimiento de impotencia. Las ciencias recientemente abocadas a la complejidad minimizan el determinismo, insistiendo sobre el rol de la creatividad en todos los niveles de la naturaleza. El futuro no está dado.

El gran historiador frances Fernand Braudel escribió: " Los acontecimientos son polvo". Esto es verdad. Pero ¿que es un acontecimiento? ¿La analogía con las "bifurcaciones? (estudiadas sobre todo en la física del no-equilibrio) se nos aparece inmediatamente. Estas bifurcaciones aparecen en ciertos puntos singulares donde la trayectoria seguida por un sistema se subdivide en "ramas". Todas las ramas son posibles, pero solo una será realizada. Una bifurcación no viene generalmente sola, aparece como una sucesión de bifurcaciones. Esto conduce a un aspecto histórico, narrativo, hasta en las ciencias fundamentales. Es el *Fin de las certidumbres*, el título de mi última obra. El mundo está en continua construcción, una construcción en la cual todos podemos participar.

Como escribió Immanuel Wallerstein: "Es posible –posible y no certero– creer en construir un mundo más humano, más igualitario, mejor anclado en la racionalización material". Son las fluctuaciones a escala microscópica que deciden la elección de la rama que emerge del punto de bifurcación y por lo tanto del acontecimiento que se producirá. La llamada a las ciencias de la complejidad no significa que nos propongamos reducir las ciencias humanas a la física. Nuestra empresa no es una empresa de reducción sino de reconciliación. Los conceptos introducidos al nivel de las ciencias de la complejidad pueden servir de metáforas mucho más útiles que el recurso tradicional a la física de Newton.

Las ciencias de la complejidad conducen entonces a una metáfora que se puede aplicar a la sociedad. El acontecimiento es la aparición de una nueva estructura social que sigue a una bifurcación. Las fluctuaciones son el resultado de acciones individuales.

Un acontecimiento es una "Microestructura". Tomemos un ejemplo salido de la historia. La revolución Rusa de 1917. El fin del régimen zarista podría haber tomado diferentes formas. La rama correspondiente resultó de numerosos factores: la ineptitud del Zar, la falta de popularidad de su mujer, la debilidad de Kerenski, la violencia de Lenin. Es esta microestructura, esta "fluctuación" lo que determinó la crisis y por lo tanto el acontecimiento.

Dentro de esta perspectiva, la historia es una sucesión de bifurcaciones. Un ejemplo fascinante es el pasaje de la era Paleolítica a la Neolítica, que se dieron casi simultáneamente por todos lados.(El hecho es sorprendente sobre todo por la gran duración de la era paleolítica). Esta transición aparece como una bifurcación ligada a la explotación más sistemática de recursos vegetales y minerales. Más de una rama emergió de esta bifurcación, la neolítica china con su visión cósmica, la neolítica egipcia con su confianza en los Dioses, la neolítica inquieta del mundo precolombino.

Cada bifurcación tiene sus beneficios y sus víctimas. El pasaje al Neolítico alcanzó a las sociedades jerarquizadas. La división del trabajo llevó a la desigualdad. La esclavitud se estableció y va a subsistir hasta el siglo XIX.

Los faraones tienen una pirámide como tumbas mientras para los humildes existía la fosa común.

Tanto el siglo XIX como el XX presentan una serie de bifurcaciones. Cada vez que se ha descubierto un nuevo material, el carbón, el petróleo, la electricidad o nuevas formas de energía utilizables, la sociedad se ha transformado. ¿No podríamos afirmar que dentro del conjunto estas bifurcaciones han conducido a una incrementada participación de la población en la cultura y por lo tanto han reducido las desigualdades entre clases sociales nacidas del neolítico?

En forma general, las bifurcaciones son a la vez un signo de inestabilidad y un signo de vitalidad de una sociedad. Estas expresan también el deseo de una sociedad más justa.

Además, aparte de las ciencias sociales, Occidente da un espectáculo sorprendente de sucesión de bifurcaciones. Podríamos decir que la música cambia cada 50 años, las artes también. El hombre explora sin cesar nuevas posibilidades, formula utopías que pueden conducir a relaciones más armónicas hombre-hombre y hombre-naturaleza. Estos son los temas que reaparecen continuamente en las recientes tomas de opinión, concernientes al rol del siglo XXI.

¿Dónde estamos nosotros? Estoy persuadido de que nos acercamos a un punto de bifurcación relacionado al progreso de la informática y de todo su entorno como la multimedia, la robótica, o la inteligencia "artificial". Es la *networked society* o sociedad de redes con sus sueños de pueblo global.

Pero cuál será el resultado de esta bifurcación ¿Cuál es la rama que prevalecera? ¿Cuál será el efecto de la globalización? La palabra globalización comprende situaciones muy diferentes. Es posible que los emperadores romanos soñaran con la "globalización", con una sola cultura dominante del mundo.

La preservación de multiculturas, el respeto hacia el otro exigen toda la atención de las generaciones futuras.

Hoy conocemos doce mil especies de hormigas. Sus colonias se escalonan desde las que comprenden entre algunas centenas a las que tienen millones de individuos. Es muy interesante observar que el comportamiento de las hormigas depende de la dimensión de las colonias. En una pequeña colonia, la hormiga es individualista, busca la comida y la trae a su nido. Cuando la colonia es grande la situación cambia, la coordinación de actividades se vuelve esencial. Aparecen las estructuras colectivas que emergen espontáneamente seguidas de reacciones autocatalíticas entre hormigas que conducen a un intercambio de información por vía química. No es una coincidencia que en las grandes colonias de hormigas y termitas, los individuos se vuelven ciegos. El aumento de la populación desplaza la iniciativa del individuo a la colectividad.

Por analogía, podemos preguntarnos qué efecto la sociedad de la informática tendrá sobre la creatividad individual. Hay ventajas que son evidentes, pensemos en la medicina, el mundo económico. Hay información y desinformación. ¿Cómo distinguirlas? Es evidente que esto demanda siempre más conocimientos y un juicio crítico. Hay que distinguir lo verdadero de lo falso, lo posible de lo imposible. El desarrollo de la información hace que dejemos como legado a las futuras generaciones una pesada carga. No es necesario que los nuevos progresos sean un resultado de la *networked society* basada en la informática. Pero el juzgamiento debe referirse también a cuestiones mas fundamentales. Más generalmente, ¿es que la bifurcación que vendrá disminuirá la fosa entre naciones ricas y naciones pobres? ¿La globalización se hará bajo el signo de la paz, de la democracia o bajo el signo de la violencia abierta o disfrazada? Incumbe a las generaciones futuras el crear fluctuaciones que orienten los sucesos correspondientes con los aportes de la sociedad informática.

Mi mensaje a las generaciones futuras es entonces que el juego no esta dado, que la rama que seguirá a la bifurcación no esta escrita. Estamos en un período de fluctuaciones donde la acción individual es esencial.

Cuanto más la ciencia avanza, más nos asombramos. Hemos pasado de una imagen geocéntrica a la concepción heliocéntrica, pues han llegado las galaxias, mejor dicho la idea de universos múltiples. Todo el mundo escucha hablar del "big bang". Para la ciencia no existe un acontecimiento único. De donde la idea de la existencia de universos múltiples. Por otro lado, el hombre hasta ahora es el único ser viviente que ha tomado conciencia del sorprendente universo de donde ha salido y que ha modificado a su paso. La condición humana consiste en asumir cierta ambigüedad. Mi esperanza es que las generaciones futuras asuman este asombro y esta ambigüedad.

Nuestros químicos producen cada año millares de moléculas, de las cuales un gran número se encuentra en los productos naturales, es un ejemplo de la creatividad del hombre en el seno de la creatividad de la naturaleza. Esta sorpresa nos conduce al respeto hacia el otro. Nadie posee la verdad absoluta, por lo tanto esta expresión tiene sentido. Yo creo que Richard Tarnas tiene razón. "La pasión más profunda del espíritu occidental es la de reencontrar su unidad con las raíces de su ser." Esta pasión ha derivado en la afirmación prometeana del poder de la razón; mas esa razón puede conducir a una alineación, una negación de lo que hace al significado y el valor de la vida.

Concierne a las generaciones futuras construir una nueva coherencia, incorporando valores y ciencia. Que se acallen las profecías del "fin de la ciencia", el "fin de la historia" o más aún del acontecer de una "post humanidad". Estamos en el debut de la ciencia, lejos de los tiempos en los que creíamos que con algunas leyes fundamentales podríamos describir el universo, y a la vez, en el nivel microscópico (el asociado a las partículas elementales) y el macroscópico alrededor nuestro, la astrofísica donde encontramos lo complejo, lo irreversible. Le cabe a las generaciones futuras construir una nueva ciencia incorporando estas nociones. Ésta tendrá todavía sus balbuceos.

El fin de la historia sería el fin de las bifurcaciones, la realización de las pesadillas de Orwell y de Huxley de una sociedad atemporal que ha perdido la memoria. Corresponde a la generaciones futuras velar por que esto jamás ocurra. Un signo de esperanza es el interés por la naturaleza, y el deseo de participar en los valores culturales, que nunca fue tan intenso como lo es hoy. Nosotros no tenemos que componer la post humanidad.

Es del hombre de hoy, con sus problemas, sus dolencia y sus alegrías, verse prolongado por las generaciones futuras. Encontrar el estrecho camino entre globalización y la preservación de las culturas múltiples, el camino entre la violencia y la política, el camino entre política de guerra y política de la razón. Son responsabilidades muy pesadas.

Una carta a las generaciones futuras es necesariamente emplazada bajo el signo de la incertidumbre, de una extrapolación siempre azarosa del pasado.

Me mantengo optimista. Con respecto a la segunda guerra mundial, el rol de los aviadores británicos fue esencial. Esto es para reutilizar una palabra que utilicé en varias oportunidades en este texto: fluctuación. Tengo confianza en la aparición de tales fluctuaciones que contribuirán a dejar atrás los peligros que percibimos hoy en día.

Es con esta nota optimista que quiero terminar mi mensaje.

ILYA PRIGOGINE

Prefacio

La vida en comunidad genera una casi infinita serie de interacciones entre los individuos que la componen, sus grupos de pertenencia y grupos de adhesión, por un lado, y con entidades privadas (empresas, asociaciones, comercios) o instituciones públicas por el otro.

A la vez estos lazos, con el correr del tiempo y el crecimiento vegetativo de la respectiva sociedad se complican con el cúmulo de interacciones voluntarias e involuntarias que generan los megaconglomerados urbanos.

Agreguemos a lo que antecede el ámbito virtual, y los innumerables intercambios contractuales que jalonan la actividad diaria con lo que nos encontraremos sumidos en el más enmarañado entramado que mente alguna tiempo atrás pudo imaginar siquiera.

Tal es el estadio y el campo de investigación en el que nos internamos con la convicción de su trascendencia mayor, pues en la medida en que estamos más inmersos en ese maremágnum, se multiplica la emergencia de conflictos, por bienes o territorios materiales, psíquicos o virtuales, de naturaleza jurídica, política, afectiva o ética.

A la vez que esa complejidad muestra un crecimiento constante, y adquiere progresión geométrica en los últimos años, podemos avizorar que, aún más que en la actualidad, el futuro será el mundo plagado de un entramado de contratos de toda índole y los diferendos que sobrevienen entre las partes crecerán, incluso por razones que les son ajenas, a raíz de las cambiantes condiciones externas, políticas, legales o económicas.

Valga el ejemplo de lo que otrora fuera una simple operación entre un comprador y un vendedor, en la que hoy generalmente toman parte abierta o subrepticiamente además del comercio, la garantía del productor, la tarjeta de crédito, su seguro, el Banco emisor local o extranjero, el Banco pagador, los puntos u otros sorteos varios, agregándose entidades de defensa del consumidor y las formalidades administrativas o impositivas, para ejemplificar el incesante gradiente de complejidad que configura nuestro entorno.

La relación entre cambio y conflicto, es otro de los factores que explica el crecimiento inusitado de las confrontaciones.

La aceleración de la secuencia de cambios, que se deriva a su vez de los continuos avances de la informática, la ciencia y la tecnología, hoy produciéndose a ritmo frenético, ha transformado en efímeros los lapsos de estabilidad que conociéramos. Etapas como la Edad Media, Moderna o lo que se denominaba contemporánea (hoy pretérita) perduraban por siglos, mientras que la sociedad industrial se diluyó en menos de un centenar de años, y la sucedieron modelos de sociedad que ni alcanzaron a ser definidos por su carácter efímero tras el auge de la informática, la revolución de las comunicaciones y las avalanchas de la tecnología.

Todo este preámbulo pretende ubicar al lector en una realidad que por su carácter cotidiano y de crecimiento silencioso se va transformando en forma imperceptible, produce acostumbramiento y no alcanzaría a llevarnos al necesario azoramiento por sus dramáticas perspectivas si no nos detenemos a analizarla y evaluar exhaustivamente sus inquietantes prospectivas.

La complejidad, que en el transcurso de las últimas décadas ha adquirido proporciones inéditas y su mentada consecuencia, la proliferación de conflictos a niveles nunca experimentados por la humanidad, hace por ello imprescindible el más profundo estudio de los procesos que estos engendran partiendo de una base ineludible: su esencia.

Conflictos, como veremos, son parte eventual e inevitable de las relaciones humanas, aún en sociedades primitivas, o grupos mínimos como una familia, y es por tal motivo que comenzaremos este libro con el abordaje de este tema cuya influencia en la calidad de la vida humana es de mucho mayor trascendencia de lo que se supone.

La relación entre la supervivencia y el mero sobrevivir, entre armonía e inestabilidad y hasta la posibilidad de éxito o fracaso, como veremos, están directamente relacionados con el adecuado o inadecuado manejo de los mismos.

Con tal propósito y ante la crisis del monopolio estatal de la Justicia se han desarrollado, y sistematizado en algunos casos, otros mecanismos de solución de disputas, lográndose resultados plausibles, aunque también de los otros, pero en todo intento de abordaje de los mismos encontramos aspectos comunes que correspondería subsumir en lo que se dio en llamar "management" de conflictos, nombre al que recurrimos por cuanto el primero de los términos tiene connotaciones intransferibles a otro idioma.

Uno de los precursores de su divulgación, Peter Drucker, sostenía para definirlo:

"El Management es, en definitiva, lo que tradicionalmente suele llamarse arte liberal, porque se refiere a los fundamentos del saber, conocimiento de uno mismo, prudencia y liderazgo; arte, porque es práctica y aplicación. Los managers aprovechan todos los conocimientos y hallazgos de las humanidades y de las ciencias sociales; de la psicología y de la filosofía, de la economía y de la historia, de las ciencias físicas y de la ética. Pero orientan este saber hacia la eficacia y los logros –para curar a un paciente, enseñar, construir un puente, o diseñar un programa de software.

Por esas razones, el management será cada vez más la disciplina y la práctica a cuyo través las humanidades adquirirán, de nuevo, reconocimiento, influencia y relevancia".

Allí radica el objetivo principal de este libro, que pretende, a través de esa disciplina, por un lado comprender mejor el fenómeno relacional conflictivo desde los distintos ángulos y ciencias, y por el otro profundizar el estudio de las posibilidades de controlar su dinámica, pues no solo se trata de hacer más eficientes a las empresas, donde comenzó a percibirse la necesidad, sino también y principalmente para que tal eficiencia comience a lograrse a nivel de la persona individual, en el ámbito intercomunitario, e incluso en el estatal.

Con tal motivación comenzamos por el reconocimiento de los procesos que constituyen los conflictos, sus variantes, causas y efectos, por considerarlo de extrema utilidad para posibilitar –a partir de allí– la determinación de las herramientas o medios apropiados para superar los desafíos que nos presentan.

Seguiremos con la revista a diferentes opciones y estrategias creadas o recreadas a través del tiempo, sin perder de vista que la disyuntiva que nos planteamos consiste sea en ser partícipes pasivos sujetos a los avatares de los procesos en curso, o bien conductores, concientes de nuestras posibilidades, de un proceso reversor que transforme en oportunidad las acechanzas negativas que una disputa presenta.

Cualquiera puede impulsar lejos una pequeña bola munido de un palo, pero sólo quienes se han compenetrado en el análisis de los movimientos apropiados y su concientización, logrando una sincronización automatizada, podrán destacarse en el arte de ubicarla cerca o dentro de un pequeño y distante hoyo, previa elección del adminículo o instrumento apropiado para las circunstancias de tiempo y lugar que se le presentan.

Similar es el reto que encaramos aquí. Pretendemos recorrer someramente trayectorias conocidas o hipotéticas de los procesos interactivos a que nos refiriéramos, planteando preferentemente dudas y cuestionamientos más que respuestas, y postulando por sobre todo la necesidad imperiosa del más severo y crítico autoanálisis para todo aquel que pretenda sustraerse a las vidas cada vez más alienadas, como las que el sociólogo Donald Reisman caracterizara gráficamente como personalidad radar, por estar dirigida desde afuera y eventualmente contribuir a su transformación en otro modelo más autónomo y capaz de ejercer plenamente el libre albedrío.

Por esa razón consideramos que quedar sometido a los conflictos es en menoscabo de la libertad, y en consecuencia se presenta la alternativa personal entre libertad y dependencia, en este caso de conflictos, que mientras se mantienen irresueltos atrapan y absorben nuestra atención y energía.

Controlarlos, resolverlos o revertir los procesos desencadenados es por eso el desafío a encarar.

La concepción del conflicto como un proceso dinámico y vital permite analizar las posibilidades de revertirlo generando un contraproceso virtuoso, cuyas características y claves surgirán aquí y allá del texto, que necesariamente hace hincapié en el liderazgo y la negociación, por constituir componentes básicos para la inversión del proceso.

Finalmente, a los efectos prácticos, pasaremos revista a las barreras u obstáculos que dificultan la salida airosa del contexto conflictual, por considerar que quien más conoce las fortalezas y debilidades del oponente es el más apto para revertir el proceso y así llegamos a develar una clave esencial para lograr el objetivo propuesto: elegir al proceso conflictivo como el verdadero oponente y no al circunstancial adversario.

Te proponemos, lector, una zambullida en lo profundo de una cotidianidad muchas veces exenta de análisis reflexivo, esperando que, como al hipotético golfista, las advertencias aquí contenidas contribuyan en alguna medida a hacer más certero y eficiente tu accionar.

PRIMERA PARTE

I. Introducción

Controlar los conflictos o ser conducido por ellos: la alternativa esencial

El planteamiento de este trabajo consiste en profundizar inicialmente acerca de algunos aspectos de la etiología, esencia y características de los procesos conflictuales, con los que la supervivencia en el convulsionado contexto social actual nos confronta.

Así como es notorio el incremento de los intereses contrapuestos y otras causales originantes de los mismos, también se puede advertir que respecto a las disputas dentro de la mayoría de los países, desarrollados o subdesarrollados, el sistema judicial hegemónico organizado para su tratamiento, tiene una sobrecarga alarmante y atraviesa por una crisis de dificultosa resolución.

Dicha saturación conlleva a prolongar los litigios por años o décadas, haciendo las más de las veces estéril el costoso proceso, que en definitiva se limita a dirimir la controversia, sin por ello terminar con el conflicto las más de las veces.

Las inexorables proyecciones de crecimiento de los conflictos por un lado y la evidente defección de los mecanismos institucionales creados al efecto de procesarlos por el otro, inducen a pensar que nos encontramos frente a causales más de fondo, no sólo relacionadas con los mencionados mecanismos, o sus protagonistas, sino también atribuibles a desvíos de los sustratos y sustentos jusfilosóficos y culturales por parte del esquema vigente, que evidentemente ha dejado de cumplir con la función justificativa de su creación: proveer a preservar la paz y armonía de los componentes de la estructura social en base a una determinada concepción de Justicia.

Llama la atención en ese sentido, que frente a la crisis de valores generalizada y la decepción de la opinión pública respecto de las instituciones en general, aparezcan los abogados y la justicia entre quienes merecen conceptos menos favorables.

Ese prejuicio, por lo tanto, requiere preguntarnos acerca de las razones para suscitar esa animadversión, y es así que dirigimos la mirada al rol que deben (o deberían) desempeñar.

La ciencia social ha verificado que los grupos o agregados de individuos tienden a organizarse y asignar funciones a sus miembros, y es común a todas las culturas conocidas que la preservación de la paz y la armonía social sea uno de los roles específicos asignados a algunos de sus miembros con el objetivo de manejar los conflictos.

Vemos así que, si ese rol no se cumple, sea por la percepción de inequidades, por la excesiva morosidad, o por el excesivo costo que impide la consecución de Justicia, la insatisfacción es lógica, pero más bien podría atribuirse a la ineficacia del sistema vigente y no exclusivamente a los agentes que lo operan.

Y valga la comparación, cuál sería la valoración de los médicos si tuvieran que desempeñar la función de preservar la salud usando la tecnología y métodos diseñados en los principios del siglo XIX, que es el caso del organigrama jurídico-político-institucional actualmente vigente en casi todos los países de Occidente.

No es el caso de exculpar a quienes abusan de las falencias existentes, sino poner de relieve que el manejo de los conflictos está actualmente a cargo de un sistema organizado sobre la base de la tradición, los precedentes y normas de dificultosa modificación, lo cual es incompatible con los requerimientos de la sociedad actual, signada por el cambio constante, la incertidumbre y la crisis de los valores tradicionales.

Un sistema creado como corolario de la Revolución Francesa, a la luz de la vela y cuando el transporte se realizaba en carreta no es apto para desempeñar hoy la función asignada, y es por eso que sostenemos que padece de DISFUNCIONALIDAD ADAPTATIVA, y el clamor de la opinión pública está requiriendo no sólo modificaciones cosméticas sino un cambio sustancial, hincando en sus mismísimos fundamentos.

Ese cambio pasa por advertir la incompatibilidad de mecanismos hegemónicos rígidos, y la necesidad que ponemos de relieve en este trabajo, consistente en lograr que sea un eficaz manejo y administración de la conflictividad el que impida que la misma termine como al presente sobreponiéndose al sistema provocando su crisis dado que el incontenible aumento de causas permanentemente esteriliza las modificaciones cosméticas que se van produciendo en el sistema.

Todo cuanto se dice aquí es también aplicable al conflicto entre personas, grupos, instituciones o países, pues la necesidad de manejo adecuado de disputas y adaptarse a la hiperdinámica evolución social rige para todos por igual, pues los efectos de las guerras o conflictos irresolutos nos alcanzan irremisiblemente.

Como reacción espontánea al fenómeno descripto, en los postrimerías del siglo veinte comenzaron a difundirse los llamados métodos alternativos de solución de disputas, cuya expansión generalizada y sincrónica en el planeta no puede considerarse como un fenómeno casual o moda efímera, sino que más bien aparece como uno de los indicadores que desde la óptica de la sociología sirven para identificar la inminencia de cambios trascendentes en el conjunto de la estructura social.

Por tal razón hemos considerado, al verificar la fuerza que el proceso adquiría, que se trata apenas de vislumbrar el tope de un iceberg, pues lo más trascendente está por develarse aún.

Por de pronto ya aparece con claridad un carácter compensatorio y tendiente a contrarrestar las falencias e incluso eventual colapso del organigrama jurídico de aquellos países que padecían con mayor agudeza la crisis del mismo, cuyos cada vez mayores costos afectan dramáticamente la respectiva competitividad.

La mediación, aunque solo uno de dichos métodos o técnicas fue quizás la más notoria reaparición.

Al decir reaparición ponemos de relieve que se trata de un mecanismo tan antiguo como el ser humano gregario, pero echada al olvido desde que el Estado de Derecho instauró la división de poderes y el monopolio de la Justicia en la dilucidación de los diferendos entre miembros de la comunidad, hito que podamos ubicar a fines del siglo XVIII.

Esa súbita "rentrée" trajo consigo una pléyade de cursos, conferencias y publicaciones que finalmente derivaron en su inclusión en los programas de estudio de las escuelas de Derecho, al mismo tiempo que la negociación se convierte en la vedette de los gurúes del management.

Sin embargo, la mayoría de estos estudios se concentran en las técnicas, sugerencias y experiencias para su práctica, aunque en general, salvo raras excepciones, no se ha calado más hondo en las causas de la crisis, y del objeto al que se aplican tales técnicas, la controversia o disputa que tienen como presupuesto básico la existencia de un conflicto.

Una simple metáfora expresa con más simplicidad y elocuencia el propósito que nos guía.

Mucho se puede escribir sobre las técnicas de doma y manejo de un caballo, pero bien lo saben sus cultores que primero y ante todo se debe conocer lo más acabadamente posible al animal.

Y viene al caso la comparación porque es dable advertir que todo proceso conflictivo protagonizado por humanos adquiere energía y fuerzas autónomas que le dan vida propia, siendo retroalimentadas por las –a veces desmedidas- energías invertidas por los individuos que intervienen en su desarrollo, y que incluso muchas veces son absorbidos y hasta fagocitados por él.

Es por eso que consideramos necesario, en principio, reconocer ese carácter vital y dinámico para abordar el objeto de nuestro estudio entonces no ya como un fenómeno estático confinable sino como un proceso vivo de naturaleza aleatoria, que puede adquirir diversas formas en su desarrollo, así como demostrar un notable potencial de proliferación.

Basta pensar en tal sentido en cientos de los llamados conflictos religiosos, raciales, o étnicos que, pasando de latentes a destructivos, guerras o disputas trascendieron la vida de sus iniciales protagonistas perdurando por siglos y hasta milenios para –con esos ejemplos extremos- comprobar a través de esa supervivencia que con el concepto del proceso, retroalimentado por la energía de sus participantes aprehendemos mejor esa vida propia y características dinámicas autónomas del "animal" que intentamos describir para –y allí se radica el objetivo que nos planteamos– posibilitar así el mejor análisis de su posible manejo, transformación o control. La disyuntiva que nos planteamos consiste, como vemos, en reconocer las características propias de esa dinámica para así poder dominarla, y no limitarnos a reaccionar, padecer o simplemente vernos obligados a obrar en efecto de las fuerzas desatadas por los inevitables procesos conflictivos entre los que discurre nuestra cotidiana actividad.

Retomando la metáfora, podemos ir hacia donde nos lleva el noble bruto o tomar las riendas y llegar así a la meta que nos propongamos.

En sentido coincidente, Franklin Covey, autor del exitoso libro *Los siete hábitos de la gente altamente efectiva*" (1) argumenta que "el hábito de la proactividad nos da la libertad para responder de acuerdo a nuestros principios y valores. Proactividad no significa solamente tomar la iniciativa. Significa también que, como seres humanos, somos responsables de nuestras propias vidas. El enfoque proactivo consiste en provocar un cambio positivo en lo que está allí fuera, implica ser un modelo, no un crítico, implica ser parte de la solución, no parte del problema".

Destacamos respecto del texto glosado, elocuente como el que más, que en nuestro tema específico la proactividad conlleva la posibilidad de asumir el rol de observador externo del proceso alternándolo con el de partícipe activo del mismo, lográndose sumar de tal modo la dosis de objetividad del primero a la facultad de ejercer acciones efectivas del segundo.

Puede advertirse a esta altura que estamos planteando nada menos que la posibilidad de ser artífices de nuestro quehacer diario y del manejo de nuestros emprendimientos en lugar de sujetos pasivos de fuerzas ajenas a todo control o direccionamiento de nuestra parte.

Desde otro ángulo, se ha advertido que la inadecuada concepción del rol del conflicto en el desempeño social es parte fundamental de la crítica situación que muestra un desfasaje entre las renovadas concepciones y reformas que se suceden en casi todas las áreas de la sociedad y el esquema jurídico institucional a cuya lenta adaptación a las nuevas realidades y desafíos y sus ya mencionados efectos ya nos hemos referido.

El hecho que la subsistencia de los países, las instituciones estatales y las personas no está directamente condicionada a su eficiencia, en lo inmediato, a diferencia de lo que sucede en el ámbito empresario, hace a la persistencia de una problemática que redunda en desmedro de las posibilidades de crecimiento de los primeros y de la calidad de vida de sus miembros.

La constante búsqueda de mejoras y aprendizaje por parte de los directivos de empresas privadas, y el cambio que se procura de los mismos o en los mismos cuando los números alertan sobre el peligro de desaparición, marca la diferencia, pues lo mismo no ocurre en igual medida entre las personas individuales, que generalmente no reaccionan de igual modo ponderando las razones de su mejor o peor performance.

Por tal razón se consiente muchas veces pasivamente un sometimiento a los conflictos asumiendo erróneamente que no existe otra alternativa que no sea ceder, tolerar o litigar.

·Es cierto que no está al alcance del individuo evitar estar cada vez más involucrados en controversias, pero, he aquí la sustancia de la oportunidad que planteamos: *cambiar el enfoque sumiso frente a tales circunstancias, y reconocer la existencia de posibilidades para un manejo más adecuado de los diferendos.*

Ser más eficientes es un desiderátum que hace a la diferencia entre mera sobrevivencia y una plena supervivencia. Contribuir con algunas claves y herramientas para lograrlo es nuestro propósito.

La primera y la más importante es el plantear el tema, y los interrogantes que suscita, pues desde esa ruptura de la inercia y de la aceptación de lo que no es un estado irreversible se abre el camino para mejorar la calidad de vida, lo cual no es poco.

El cambio cultural necesario para superar las crisis que describiéramos presenta dos opciones.

La primera, tal como ocurriera en otras circunstancias históricas por la eclosión, que ocurre cuando el desequilibrio es insoportable, como ocurrió a fines del siglo XVIII con la Revolución Francesa, y la otra por la diseminación del cambio de paradigmas, y esto último es lo que se viabilizará mediante un diferente enfoque a nivel individual que impregne las culturas respectivas.

Individuos eficientes hacen a las organizaciones que integran y a las comunidades a que pertenecen más exitosas, y su adecuado manejo de la conflictividad es clave para lograr ambos objetivos.

Más adelante veremos cómo esas premisas se cumplen y han derivado, ya sea en la prosperidad o en la decadencia de instituciones, estados e incluso continentes enteros como la Europa transformada en comunidad.

Europa y el cambio de paradigma

Por nuestra parte advertimos tiempo ha como sintomático, el singular cambio producido en los países de Europa, donde hasta la primera mitad del siglo XX y desde tiempo inmemorial se dirimían los diferendos, sea por guerras, presiones, escaramuzas o juegos de poder, concluyendo así en la decadencia y caída de sus extensos imperios, la pauperización de sus pueblos y la exportación de la miseria, emigrada hacia el generoso Nuevo Continente.

En apenas tres o cuatro décadas, se invirtió radicalmente la tendencia, y la prosperidad devenida es tal, que se ven obligados a reprimir y contener la ola inmigratoria incluso de los propios descendientes de quienes huyeron de la violencia, la escasez y la precariedad.

¿Que es lo que había cambiado tan drásticamente?

Pues bien, *los conflictos de intereses son iguales e incluso tal vez más complejos y graves en la actualidad, pero en cambio difiere su procesamiento.* La actitud y predisposición es otra.

Actualmente sólo se admite la negociación y la intervención de terceros neutrales o paneles de notables, es decir el uso de mecanismos adecuados de Solución de Disputas, asociados a un mutuo reconocimiento de la interdependencia y dejando de lado DEFINITIVAMENTE la opción por dirimir compulsivamente los diferendos.

Advertir la trascendencia que tiene, tanto a nivel estatal como a nivel geopolítico, empresarial o individual optar por una u otra alternativa para el manejo y encauzamiento de los inevitables conflictos de intereses entre los que discurre nuestra actividad es el motivador que nos ha impulsado a participar en la divulgación de los métodos no confrontativos y profundizar en el estudio de los mismos, considerando que además de ser indicadores de un benefactor cambio cultural por su reciente sincrónica y universal expansión constituyen una herramienta esencial para permitir el mejoramiento de la "performance" individual y colectiva.

II. Precisiones terminológicas.
El conflicto como proceso

La posibilidad de un mayor conocimiento del objeto de cualquier estudio comienza por definirlo con la mayor precisión posible, por lo cual comenzaremos por el intento de aclarar los alcances y significado que adjudicamos a los respectivos términos, así como las confusiones que se generan.

Estas precisiones resultan más importantes en el área de nuestro trabajo en tanto y en cuanto –como se verá luego- los malentendidos o diferentes interpretaciones de palabras o gestos son justamente una de las habituales fuentes de conflictividad.

Prestar atención a eventuales significados confusos o difusos se convierte entonces no ya en una muestra de excesivo rigor semántico, sino una práctica necesaria para quien pretenda desentrañar las causas de una controversia, y más aún para aquel que atine a solucionarla.

Advertimos en este caso que es común referirse por igual a conflicto de normas, conflicto de intereses, conflicto bélico, conflicto psicológico o conflicto de valores aun cuando sus características difieren aún al extremo de no tener nada en común como para compartir un mismo significado.

Encontrar rasgos comunes entre un conflicto de normas (mera oposición o contradicción entre textos) y un conflicto bélico (guerra) es de por sí difícil, y ese ejemplo pone de manifiesto la disparidad de significado entre divergencias estáticas conceptuales como en el primer caso y un tenso proceso protagonizado por seres vivos como es el segundo, con su notoria vitalidad y hasta aristas de autopreservación y expansión propias.

Dado el hecho de que es usual el uso indiscriminado del término, comenzaremos por hacer una distinción entre conflictos estáticos y dinámicos.

Nuestro propósito consiste en circunscribirnos a los conflictos de esta última categoría, que sería connotada como el proceso conflictual interpersonal, interinstitucional o mixto.

Seguidamente pasaremos a despejar otras confusiones que emergen a partir de no diferenciar términos como conflicto, disputa, controversia, litigio, etc. que se usan indistintamente pese a representar situaciones o circunstancias diferentes, siendo el primero expresión de una causa y los restantes algunos posibles efectos de la misma.

Así como una guerra presupone o tiene como causa un conflicto previo no por ello cualquier conflicto conlleva o deriva en una guerra e igualmente si una disputa tiene origen también en un conflicto ello no implica que todo conflicto signifique disputa, de donde concluimos que en modo alguno pueden ser considerados términos equiparables, como se los utiliza habitualmente.

El propio tránsito o circulación en una ciudad y la mera convivencia engendran múltiples alternativas conflictivas, que sólo en una ínfima parte derivan en disputa o confrontación, y lo inapropiado que resulta asimilar conceptos tan disímiles resulta gráficamente expresado con sólo preguntarnos si convivencia alguna sería posible en caso de que todo conflicto culmine en una disputa o confrontación física, verbal o legal.

La falta de precisión conceptual es de por sí un obstáculo para la comprensión divulgación y diferenciación necesaria para proceder a un análisis fructífero del fenómeno, y de los diversos métodos o técnicas que se proponen sea para el manejo, la prevención o la resolución de cada una de las diferentes alternativas o etapas que componen cada proceso conflictual.

Así como un médico utiliza diferentes tratamientos según las características y el grado de avance del proceso previamente diagnosticado y definido específicamente, igual temperamento corresponde seguir cuando el proceso no es fisiológico sino una crisis en el estado de salud de las relaciones humanas.

Y ponemos énfasis en el término proceso por cuanto es el que cuadra a una secuencia de actos o hechos diferenciados con múltiples alternativas posibles, como es el caso en estudio, y por tanto imposible de aprehender como fenómeno conceptual estático, simple y acotado.

Agréguese a esto las diferencias que emergen de los distintos idiomas utilizados, teniendo en cuenta que es el ámbito internacional el campo en que mayor desarrollo y difusión han tenido los estudios del tema.

Lograr un uso uniforme, consensuado y concreto de términos y definiciones es lo menos que podemos pretender quienes nos dedicamos al estudio y la práctica de los métodos de abordaje de conflictos, disputas, controversias, litigios o como se decida denominarlos para comprenderse recíprocamente, sea cual fuere el idioma utilizado, a fin de evitar lo que se señala seguidamente.

La sigla ADR (Alternative Dispute Resolution) originaria del ámbito anglosajón, donde se desarrolló e impulsó el auge hoy mundial de la renovada versión de métodos alternativos al Sistema Judicial Estatal, contiene el término Dispute (Disputa), y en cambio la versión hispánica, sobre todo en Latinoamérica adoptó casi unánimemente (RAC) Resolución Alternativa de Conflictos, asumiendo erróneamente que ambos conceptos fueran idénticos, pues aunque difieren los idiomas las raíces y significados respectivos de las palabras son las mismas. Dispute es traducible como Disputa y Conflicto equivale a Conflict.

La ligereza en que se incurre al considerar que se trata de conceptos equivalentes queda desvirtuada como ya señaláramos a partir de reconocer al conflicto como un complejo proceso dinámico y polifacético con nacimiento, desarrollo, eclosión, latencia y eventualmente conclusión, y asumir en cambio que las disputas constituyen sólo una de esas fases y además de carácter eventual.

La diferencia es más evidente en cuanto se tome en cuenta, como fue puntualizado, que el conflicto constituye la causa y la disputa solo uno de sus posibles efectos.

La importancia de lo que antecede consiste en que sólo al circunscribir adecuadamente nuestro objetivo, el conflicto en este caso, y concebirlo como un proceso, podremos reconocer y analizar mejor sus características y evolución, viabilizando así la posibilidad de elegir las estrategias, acciones o intervenciones (métodos o técnicas) que mejor se adecuen y funcionen en cada etapa, para determinar su involución, disolución o transformación.

Será posible de tal modo que su tendencia a escalar, configurando lo que vulgarmente se dio en llamar "espiral de violencia", pueda ser controlada, contenida y, en última instancia, revertida.

Otro malentendido significativo se genera al asimilar varios métodos bajo el común denominador de solución de disputas, como es el caso del litigio, el arbitraje y la mediación. Sus cualidades difieren tanto en esencia como en sus finalidades, dado que en un caso el objetivo es dirimir la controversia, y en otro solucionar la controversia o disputa pero, además, concluir con el conflicto que la originó.

Dirimir compulsivamente una disputa deriva en un ganador y un perdedor, y no necesariamente este último dará por concluido el conflicto con su contraparte, ni eliminado el encono alimentado durante el trámite, siendo esa una de las falencias de la Justicia Estatal cuyos perniciosos efectos al no lograr en muchos casos la definitiva dilución del conflicto entre los contendientes serán tratados más adelante.

En suma, solo distinguiendo los alcances de cada método y su respectiva utilidad estratégica será posible elegir las acciones y elecciones apropiadas para cada caso, porque el hecho de tener diferentes objetivos y cualidades no implica que cada una de esas opciones carezca de utilidad práctica y eficacia, la cual empero dependerá de las particularidades de cada caso.

Es necesario aclarar sin embargo, que por la circunstancia de enfrentarnos a un proceso de índole compleja y multifacética no preconizamos ni la superioridad ni la preeminencia de un mecanismo sobre otro, sino el pragmatismo que significa utilizar cada uno de ellos conociendo sus virtudes y limitaciones, en función de la naturaleza del caso, el estudio del proceso desencadenado y las necesidades estratégicas, tomando en cuenta además las características de los circunstanciales partícipes del mismo.

Más adelante trataremos acerca de las posibles alternativas de intervención, obviamente simplificaciones tipológicas de una secuencia tan compleja, dado que contiene conducta humana interaccionando, con su infinita variedad.

Poner de manifiesto nuestro reconocimiento del carácter complejo del campo de investigación, no implica la imposibilidad de un acceso metódico al fenómeno, pues la ciencia social ha mostrado con creces que mediante la utilización criteriosa de modelos y tipologías con rigor semántico y metodológico logra beneficiosos resultados en el tratamiento y modificación de los procesos humanos, y de tal modo posibilita transitar hacia un cambio cultural que revierta el alarmante crecimiento del deterioro de los lazos comunitarios, y la paz social, que va alcanzando niveles de violencia inéditos.

Desde la perspectiva planteada por Michel Godet, la consecución de transformaciones a nivel colectivo se asemejan al proceso de fisión atómica, que comienza por la división de un solo átomo, y se expande a otros multiplicándose hasta lograr la denominada masa crítica generadora del cambio, por lo cual denomina gérmenes a las acciones promotoras de cambios culturales.

Las manifestaciones e indicadores de todo tipo recibidas desde diversos rincones del planeta donde se impulsa una nueva visión y misión para el procesamiento no adversarial de los conflictos nos permite avizorar no sólo cambios sustanciales sino también su direccionamiento, siendo ese el efecto multiplicador al que podemos y pretendemos contribuir, si asumimos que al ser más eficientes como individuos también contribuimos al mejor desempeño de nuestra comunidad.

Una frase de Ghandi grafica con elocuencia el concepto diciendo: "Nosotros mismos debemos ser el cambio que queremos ver en el mundo".

A propósito de palabras,
¿será sólo la paz el objetivo deseado?

Un concepto tan importante como la Paz también merecería que se profundice en sus significados, pues aunque ellos varían en cada uno de los idiomas, se lo utiliza internacionalmente con la presunción de un entendimiento que no es en realidad total.

Ya hemos visto respecto al término conflicto que se asimila en el concepto general la faz estática y la dinámica del mismo, pese a que se trata de situaciones muy distintas.

Si por Paz entendemos en nuestro idioma algo perdurable, todos pensaremos en la Paz Eterna y en los Cementerios. Si en cambio la imaginamos más efímera, coincidiremos que se trata del interregno entre uno y otro episodio bélico, lo que ha sido frecuente en la Historia y nos retrotrae a las disputas que se dirimen con un ganador y renacen una y otra vez hasta que el conflicto tiene solución.

En cambio, si imaginamos un ideal significante más que un sustantivo se trataría de un verbo, que implique la acción continua de construir la paz, pues está visto que con lograrla no es suficiente, y valga tomar en cuenta la referencia a las Cruzadas, a las que nos retrotrae el terrorismo que hoy asola el planeta, o Kosovo, o los reclamos indígenas que afloran día a día para convencernos que la Paz por sí sola no es el objetivo de máxima sino que se requiere una TAREA COTIDIANA NECESARIA PARA CONSTRUIR CONSENSOS.

A ese audaz cuestionamiento que , por osado, hesitábamos en compartir, vino en ayuda la lectura de un episodio de la Historia, cuyo protagonista fue quizás el más célebre de los guerreros y conquistadores; Julio César, emperador por autonomasia, quien proclamaba la necesidad de "concordia" en la paz para que esta fuera duradera.

El historiador Aulio Hercio relata que, tras la conquista de Sevilla por los romanos sobrevino una época de laboriosa paz, aunque, tranquilizados que fueron los belicosos españoles, fue la discordia entre los romanos la que originó nuevas hostilidades.

Julio César, quien de joven fue nombrado pretor de Sevilla, fue el protagonista varios años después de una de tales guerras, la que desató el rebelde Pompeyo.

Éste fue eliminado, pero sus hijos –con el apoyo de los sevillanos– siguieron resistiendo hasta ser aniquilados a su vez.

César luego de terminar con la rebelión, se sentía agraviado porque los sevillanos habían tomado partido por su rival Pompeyo en vez de serles fieles a él, como estaban obligados por lazos de gratitud, dado que él, durante su época de gobernador, había conseguido del Senado de Roma que les aligerasen los excesivos tributos que les había impuesto Metelo. Por último les djo:

—Si erais tan adictos a Pompeyo, y tan valientes, ¿por qué no habéis sido capaces de salir todos a la batalla, y habrías podido derrotarme? Pero no, porque vosotros *neque in pace concordia, neque in bello virtute* (ni en la paz sois capaces de tener concordia ni en la guerra valor).

Tras estas duras palabras, César se retiró a Itálica.

Nos contestamos con otra pregunta ¿no será establecer y mantener la concordia el objetivo deseable?

III. El CONFLICTO ES INEVITABLE (Y EVENTUALMENTE VALIOSO)

A esta altura debemos señalar que la conflictividad, como la sostiene Karl Jung, (EL HOMBRE Y SUS SÍMBOLOS) (2), es un componente inevitable de la convivencia, manifestada en la experiencia y la historia inequívocamente.

Las culturas no solo son conflictivas sino que tienen conciencia de su conflictividad, al punto que organizan instituciones para proveer a su manejo.

La propia mitología es pletórica en arquetipos de conflictos de toda índole, reflejados en la literatura más antigua por autores como Esquilo, Eurípides y Homero, en la propia Biblia o en el Baghavad – Ghita hindú. Tal universalismo cultural nos obliga a reflexionar y perseverar en el análisis del rol que desempeña en el funcionamiento y evolución de los grupos sociales y de la sociedad toda.

En su estudio filosófico, Ricardo Maliandi (*Cultura y Conflicto*, Ed. Biblos) (3) ha analizado al respecto la existencia de una polaridad entre permanencia y cambio como pre-supuestó de la esencia conflictual que se manifiesta a su vez como una contradicción entre términos (partes) que se oponen a la vez que se suponen, agregando que la contradicción entre el apego al statu quo y la libertad o la espontaneidad creativa genera una secuencia interactiva a la que se atribuye la posibilidad de evolución.

Valores y normas se crean, modifican o caen en desuso continuamente, como suele comprobarse con los típicos desencuentros generacionales, ejemplo prototípico de la incidencia del conflicto en la evolución.

Por nuestra parte consideramos que, a efectos didácticos y prácticos, resulta conveniente incluir el enfoque funcionalista, que también pone de manifiesto un rol fundamental del conflicto para el desarrollo y evolución social y humano, al configurarse en crisis periódicas como prolegómenos de los cambios progresivos entre diferentes estadios individuales y colectivos como ser: niñez, adolescencia, madurez, o prehistóricos, medievales, modernos pre o post industriales.

Lo mismo ocurre durante el desarrollo de la interacción grupal, intergrupal e interinstitucional, manifiesta actualmente en forma más notoria y frecuente en los ciclos que describe la Ciencia Económica y sus periódicas crisis.

Así lo concibe a su vez un sociólogo, Stanley Eitzen en su libro (*In Conflict and Order*) (4) donde a fin de describir las raíces de los principales desajustes de la sociedad actual, traza una reseña de las dos escuelas que mayor vigencia e influencia han tenido en el último siglo.

La primera encaraba la descripción del fenómeno social desde el presupuesto del orden como inherente, considerando al conflicto como violador de ese statu quo esencial, y la otra, principalmente esgrimida por Marx o Dahrendorf, que considera las desigualdades de poder o económicas como supuesto de conflicto continuo, inexorable y unidireccional, y ambas al conflicto – erróneamente – como inmanentemente negativo para la sociedad.

	Modelo de Orden	Modelo de Conflicto
	Problemas Sociales desde el supuesto excluyente del Orden o el Conflicto *Dualidad de la Vida Social: Hipótesis de los Modelos de Orden y Conflicto de la Sociedad.*	
Pregunta:	Cual es la relación fundamental entre las partes de la sociedad?	
Respuesta:	Armonía y cooperación	Competencia, conflicto, dominación y subordinación.
¿Por qué?:	Las partes tienen intereses Complementarios Consenso básico de normas y valores sociales	Siempre hay pocos suministros de las cosas que la gente quiere. Disenso básico en normas y valores Sociales
Grado de integración:	Altamente integrado.	Poco integrado. Cualquier integración obtenida es el resultado de la fuerza y el fraude.
Tipo de cambio social:	Gradual, ajustable y reformable.	Abrupto y revolucionario.
Grado de estabilidad:	Estable.	Inestable.

La adherencia a una u otra de estas dos escuelas ha influido decisivamente en las tensiones políticas e incluso episodios bélicos generalizados durante el siglo XX, al punto que las Naciones Unidas al fin del siglo contaban 40 guerras entre países desatados después de la segunda guerra mundial, lo que hace pensar en cuán perniciosos son los resabios de esas concepciones del fenómeno conflictivo, pues aún puede advertírseles en el imaginario colectivo.

Superando esas distorsionadas visiones el autor citado concluye señalando que la antedicha antinomia queda superada al observar que, si existe una continuidad, la misma se manifiesta cíclicamente en períodos de orden que se alternan con procesos conflictivos los que, al ser resueltos pasan a una renovada aunque sólo temporaria estabilidad y así sucesivamente.

Al retrotraernos a los distintos períodos históricos y sus hitos o crisis transformadoras podemos verificar que estos ciclos se produjeron, aunque en el momento actual es dable notar que los períodos de orden son más breves, y las crisis más frecuentes, lo cual no obsta al concepto en absoluto sino simplemente muestra sólo que lo que se acelera es el ritmo, sin que se altere la secuencia.

Encontramos aquí entonces una de las claves fundamentales para comprender la esencia del proceso posibilitando así abocarnos al análisis de su manejo adecuado.

La difundida creencia de quienes consideran toda alteración o quiebre de la estabilidad o el orden establecido como algo pernicioso o peligroso, lo que se configura incluso como aversión al conflicto, como toda negación de un hecho inevitable, contribuye en gran medida a la perduración e incluso a la escalada y eclosión de la conflictividad por cuya razón entendemos que la superación de ese malentendido resulta crucial, por lo pronto a nivel individual.

Es que, a semejanza de lo observado por Eitzen, el proceso dinámico y evolutivo de las relaciones sociales tiene ínsita la irreversibilidad de la colisión de intereses, necesidades y subjetividades como motivadores y eslabón necesario para la renovación y reestructuración que el cambio de condiciones externas, tecnológicas o simplemente generacionales provoca. Esto adquiere particular trascendencia hoy, ante la explosiva y creciente influencia de las innovaciones científicas que desmoronan las estructuras tradicionales generando un crecimiento geométrico de la conflictividad.

Es entonces cuando mayor necesidad existe de reconocer y asumir la realidad desalojando creencias distorsivas de la misma que impiden el fluir armónico de las relaciones sociales.

La cosmovisión de antiguas culturas, manifiesta aún hoy en Oriente ya reconocían la primordial función del conflicto en la evolución y crecimiento del individuo y la comunidad, dando lugar a innumerables manifestaciones y hasta técnicas como el "aikido" u otras artes marciales que se sustentan en el mismo principio: transformar la energía del conflicto en beneficio propio sin rechazarlo o rehusarse a enfrentarlo.

La propia escritura China, simboliza gráficamente tal acepción del fenómeno.

En efecto, como se expresa con ideogramas, representa el concepto con un ideograma significante RIESGO y otro que expresa el concepto OPORTUNIDAD.

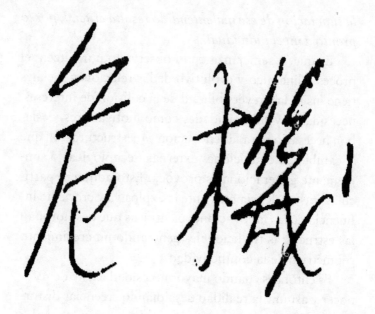

Lo gráfico y expresivo de esa asociación ahorra mayor abundamiento, lo que no obsta a que el autor –abogado al fin- insista retrotrayendo al lector hacia un aspecto mencionado con anterioridad.

No es el conflicto el "malo de la película" sino la reacción inadecuada y perversa frente al mismo, que constituyen las guerras, disputas o enfrentamientos de todo tipo.

El conflicto se origina en ocasiones en fallas en la comunicación, o bien expresa la necesidad o pretensión de una o varias partes de modificar el "statu quo", ya sea lo convenido, lo establecido o cualquier situación vincular o de hecho, y de allí surge la necesidad de interpretar su mensaje para entonces y sólo entonces obrar en consecuencia, en busca de la oportunidad.

El mismo Derecho Romano así lo tenía en cuenta cuando condicionaba el cumplimiento de los pactos a la subsistencia de las condiciones externas que condicionaron el acuerdo acuñando el principio: "rebus sic stantibus", que otorga al eventual diferendo una salida negociable. Los pactos deben cumplirse "pacta sunt servanda", sostenían, pero en tanto y en cuanto circunstancias ajenas a la voluntad o posibilidades de control de las partes no sufran cambios que afecten la viabilidad del acuerdo.

Surge de allí una importantísima constatación. Hechos o circunstancias externos, que no pudieron preverse al contratar, emergentes de la Naturaleza o del Estado, condicionan y desequilibran las relaciones recíprocas, obligando a quienes son afectados por dichos cambios a un reacondicionamiento precisamente por haberse quebrado el equilibrio anterior.

Un poco de historia

Durante años y décadas de constante inflación, en la Argentina de mediados del siglo XX, las leyes no admitían reajuste monetario alguno, y como consecuencia los créditos o valores pactados se iban licuando progresivamente.

Una serie de consecuencias macroeconómicas adversas sobrevino, como ser la desaparición del crédito y de viviendas en alquiler dando origen al nacimiento y proliferación de las "villas de emergencia".

Ni el Congreso, el Ejecutivo o los todopoderosos gobiernos militares tomaron acción o medida alguna para resolver las desigualdades sobrevinientes, y mientras tanto, la Justicia, haciendo honor a su condición de no vidente, sostenía a ultranza que las deudas de dinero no podían reajustarse según prescribía una norma aislada del Código Civil.

Pasaron varias décadas hasta que la misma Justicia "redescubrió" lo que incluso en su época los romanos habían previsto.

Una acordada de las Cámaras Civiles y un fallo de la Corte Suprema instauraron de ese modo la indexación de los contratos y de la moneda, admonizando que de tal modo se restablecería la equidad entre las prestaciones recíprocas.

Nació allí la famosa "Teoría de la imprevisión".

Tras ello reaccionaron el Poder Legislativo y las autoridades económicas dictando múltiples leyes y disposiciones que crearon no uno sino múltiples sistemas perversos de reajuste que por falta de coherencia volvieron a ocasionar desajustes a tal punto que, dando pie a la especulación y merced al agregado de otros factores (retroalimentación; expectativa, etc.) se llegó a desencadenar la dramática hiperinflación, que hizo a los precios de la economía variar día a día y hora a hora.

Una forzada estabilidad siguió al atar la moneda local al valor del dólar, aunque fue tozudamente mantenida luego a despecho de la realidad. Culminó esta pesadilla con otra serie de descalabros al hacer eclosión, con la súbita y descontrolada devaluación de principios del 2001, que sumió al país entero en una indigen-

> *cia sin precedentes, con conflictos generalizados entre deudores y acreedores que conllevaron a una crisis casi terminal de todo el sistema financiero. El otrora riquísimo país entró en el default más increíble de la Historia.*

Los hechos resumidos en el recuadro constituyen una evidencia incontrastable demostrativa de los efectos de la ineficiencia y del desmanejo de situaciones conflictivas a nivel general.

Las consecuencias, como fue comprobado en esos casos, se agravan cuando se reacciona tardíamente, y como suele ocurrir en estos casos, se produce una sobre reacción, la que generalmente culmina provocando más y más controversias y/o disputas.

Es del caso preguntarnos: ¿Fue el conflicto acaso el causante de tan funestos resultados o bien la falta de intervención oportuna y adecuada?

Una respuesta podrá extraerse de los hechos que se relatan en el siguiente recuadro:

Las secuelas de un desastre natural

> *La costa Sur de los Estados Unidos y en especial el Estado de la Florida fue barrida por un hecho externo, en esta ocasión de la Naturaleza. El llamado "Huracan Andrew" fue también devastador, arrasando viviendas, fábricas, la trasmisión de energía eléctrica, en fin, todo cuanto había a su paso.*
>
> *La reacción de las autoridades fue inmediata, y no se limitó al socorro de las víctimas y re-*

paración de los servicios públicos, sino que se instituyó un procedimiento de manejo de las diferentes secuelas conflictivas, designando a instituciones especializadas en "conflict management" como American Arbitration Association, las que contribuyeron con un ejército de expertos en el manejo de los conflictos y la solución de las disputas que emergerían entre las Compañías aseguradoras, los propietarios damnificados, los municipios, los vecinos, las compañías de servicios públicos y sus clientes.

En fin, lo que pudo ser motivo de infinidad de largos juicios de evaluación de daños, fijación de indemnizaciones y hubiera impedido la reparación inmediata por falta de fondos se solucionó en apenas algunos meses. Quienes perdieron sus viviendas no tardaron en tenerlas nuevamente, las carreteras y los servicios públicos funcionaban al poco tiempo y, contra lo que pudo suponerse la cantidad de juicios en las Cortes del Estado, no mostraron incremento alguno sino que por el contrario se redujo el ingreso de casos.

El contraste entre ambas situaciones emerge, más allá de lo disímil de las causas, tan diferentes, porque las posibles causas originantes de conflictos son infinitas, a raíz de la respuesta ante las mismas, adecuada en un caso y tan extemporánea como inorgánica en el otro.

La adecuada fue, por parte de la dirigencia (gobierno) reconocer la excepcionalidad de la situación y a la vez que el sistema judicial sería inadecuado por la lentitud de sus requerimientos formales.

Instar a las partes a solucionar los diferendos entre sí, o con la ayuda de mediadores o expertos neutrales en su caso fue el criterio adoptado.

Se logró de tal modo incentivar la cooperación a través del reconocimiento de la interdependencia y reciprocidad necesaria para restablecer el equilibrio y sustentar la preservación de la vida en comunidad, completándose así el círculo virtuoso.

IV. La diferente actitud ante los conflictos determina éxitos o fracasos

Al margen de esas circunstancias anecdóticas, evitar la vulgar demonización del conflicto, aceptando que su emergencia es parte inevitable de la interacción humana, desencadenante de oportunidades incluso, constituye un avance cultural necesario de efectos sumamente valiosos en aras de la armonía comunitaria en general y especialmente del mejor desempeño individual y colectivo, pues es dable comprobar que el logro del adecuado manejo de la conflictividad, especialmente ante su auge en los complejos contextos socio-económicos actuales incide sustantivamente ya sea en la prosperidad o en la decadencia de los involucrados.

La tesis precedente ha sido comprobada en los estudios de Edward Banfield, luego ampliamente difundidos por Francis Fukuyama en su libro "CONFIANZA" (5), en el que analiza el disímil desempeño de distintas comunidades, advirtiendo que aquellas donde la confianza mutua predomina y permite canalizar pacíficamente los diferendos, son más exitosas que las que adoptan el litigio o las confrontaciones como hábito.

Mal puede desconocerse que una empresa, institución o la propia familia tienen menos perspectivas de progreso estando a merced de conflictos irresolutos y disputas constantes, que aquellos grupos en los que impera la armonía y el consenso asegurados por un adecuado sistema o tradición cultural de manejo de la conflictividad.

En síntesis, lograr resultados positivos e incluso beneficios del proceso conflictivo resulta posible conceptualizándolo bajo las siguientes premisas:

La naturaleza del conflicto

1. Es inherente a la vida gregaria.
2. Es un medio natural de motivación para el cambio.
3. No es ni positivo ni negativo, sino una eventualidad que forma parte esencial de la interacción social.
4. Es un proceso energético en curso, potencialmente favorable o desfavorable.
5. No es un desafío ni una competencia sino una advertencia de ruptura del equilibrio y necesidad de reestructurar la situación o la relación.
6. No es generalmente indicador de quién tiene razón o quién no la tiene sino de la existencia de diferencias intersubjetivas o cambios que alteran los equilibrios logrados.
7. El curso que siga el proceso depende casi exclusivamente de su manejo.

El desconocimiento de esa naturaleza ha hecho proliferar la desconfianza y la falsa concepción del conflicto como un factor pernicioso, solo superable suprimiendo al adversario, con consecuencias autodestructivas inevitables tarde o temprano.

Los resabios de esas creencias penden aún amenazantes tanto sobre la comunidad internacional, como en el mismo seno de cada comunidad, aunque es dable avizorar, a través de diferentes indicadores que un cambio sustancial está en ciernes.

Las nuevas corrientes y visiones fenomenológicas de la realidad obviamente enfrentan a quienes se aferran a los sistemas y creencias tradicionales con quienes siguen las innovaciones, como lo describiera casi premonitoriamente Huntington (Clash of civilizations) y se verifica en el gravísimo contexto internacional actual.

La colisión entre "conservadores" y " progresistas" es casi universal, así en gran escala – como se señalaba – como también en la más pequeña de las expresiones grupales como la familia.

Su manifiesta proliferación y virulencia pareciera mostrar la existencia de una crisis de los sistemas y valores vigentes, instándonos a hurgar en sus causas sin dejar de lado los sustentos de los cuestionamientos a que hiciéramos referencia por más osados que fueren.

Hallazgos científicos como los que le valieron el premio Nobel a Ilya Prigogyne y quedan someramente expresados en el título de su libro *El Fin de las Certidumbres* (6), son los que incitan también a la adopción de hábitos mentales diferentes. A pensar menos en certezas y más en términos de posibilidades o probabilidades, descartando todo determinismo.

Esto no como una mera suposición o expresión de deseos, sino fundado en la comprobación científica de la inexistencia de leyes físicas absolutas en la propia naturaleza, postulado en que hoy coincide la mayor parte de la comunidad científica, así como la evidencia de una tendencia evolutiva tan manifiesta como también impredecible.

Edgar Morin, filósofo y científico social definía el desafío y pronóstico así:

Debemos aprender a convivir con la incertidumbre y no, como han querido enseñar desde hace milenios, a hacer cualquier cosa para evitarla.

La Historia ha demostrado que las bisagras transformadoras se asientan en trascendentes descubrimientos y filósofos preclaros de esa talla, y las conclusiones que se extraen traspolando la verificada pérdida de peso de las leyes y verdades hasta hoy indiscutidas que comenzando por Einstein y otros científicos concluyera con los descubrimientos de Prigogyne en el campo de las ciencias duras, hacen trepidar los cimientos de muchas otras ciencias o creencias.

Esos ilustres pensadores, tras comprobar la falacia de postulados y leyes físicas hasta ahora indiscutidas, nos ubican así al insertarnos por traspolación en el relacionamiento social, frente a un relativismo que privilegia la tolerancia y el reconocimiento recíproco con el "otro". Es sobre esas premisas que se visualiza una tendencia a la revisión y reversión del excesivo individualismo y los acendrados nacionalismos o fundamentalismos, generadores de actitudes y comportamientos responsables en gran medida de las profundas crisis de valores que signan la realidad actual.

Ese cambio de paradigmas, visible en múltiples indicadores del distinto modo de relacionamiento entre personas y grupos, es la cara positiva de la mentada evolución, aún cuando hoy solo manifestándose como una expectativa, que si bien es menos visible que los últimos disociantes estertores de las estructuras del pasado ello no significa que su potencial transformador sea minimizado. Cambios de tamaña trascendencia son sólo comparables con los ocurridos con la epopeya de Galileo, o la llamada Revolución Industrial de fines del siglo XVIII y principios del siglo XIX, período en el cual desde los sistemas políticos a los esquemas jurídicos y las modalidades de relación social, trabajo, interacción y comunicación se transformaron drásticamente, también con interinatos de similares avances y retrocesos, pero con inequívoca irreversibilidad.

La diferencia con lo que ocurre en nuestra época consiste en que el lapso entre estas transformaciones masivas se ha ido reduciendo de siglos a décadas y la tendencia y los impactantes e inéditos acontecimientos que se suceden nos confirman en la convicción que acostumbrarse a un entorno cambiante es no solo un desafío sino una imperiosa exigencia para discriminar entre la realidad y la ficción. Quien enfrenta un conflicto y pretenda gobernar sobre él, debe basarse con la mayor objetividad posible en la realidad pues subjetividades y falsas premisas solo pueden conducir a resultados impropios.

Einstein ya había sentado las bases para desalojar falsas creencias o certezas sobre el cosmos y la propia naturaleza al desmentir con su Teoría de la Relatividad el carácter absoluto del espacio y del tiempo y un intérprete de las nuevas corrientes filosóficas Trinh Xuan Thuan, profesor de la Universidad de Virginia, describió a su vez con precisión premonitoria el explosivo desarrollo científico-tecnológico que presenciamos y las nuevas realidades diciendo: *"...el caos ha liberado la materia de su inercia: permite a la naturaleza (incluido el hombre) abandonarse a un juego creativo, producir algo nuevo, no contenido implícitamente en sus estados precedentes. Su destino está abierto. Su futuro ya no está determinado por su presente ni por su pasado. La melodía no está compuesta de una vez para siempre. Se elabora sin cesar".*

Admitir que ese es el contexto dinámico y no determinista en esta coyuntura es una de las más poderosas herramientas para interpretar los conflictos y vislumbrar las múltiples alternativas que se abren en tanto y en cuanto se superen las barreras y cerrazón que obnubila a los contendientes atenazándolos en creencias oclusivas y desconfianza recíproca.

Como contrapartida se sustentan las bases para que las oportunidades salgan a la luz y no constituyan privilegio exclusivo de los Bill Gates sino patrimonio de todos los que se animen a navegar en la incertidumbre de un futuro en permanente construcción.

No pasamos por alto que el cambio cultural que ponemos de manifiesto dista de ser inmediato, y atravesará resistencias o resabios de las conductas o actitudes prevalentes, lo cual no obsta a que se advierta, como lo simbolizó Alvin Toffler que las fuerzas que sustentan el cambio de actitudes, instituciones y modalidades en estas transiciones son tan poderosas e irreversibles como una ola, que dará lugar a nuevas costumbres, necesidades y modalidades de interacción en todos los ámbitos, y cambios estructurales por añadidura.

La claridad con que este visionario autor describió los procesos de disolución de la Sociedad Industrial y su paralelo en la transición hacia la que se dio en llamar Sociedad Informática (segunda ola) y tras la Revolución de las comunicaciones que dio lugar a la tercera explica y priva de sorpresa a las inéditas transformaciones que presenciamos a la vez que nos enfrenta a la también inevitable emergencia de los choques entre las fuerzas transformadoras y aquellos que, sea por temor a lo desconocido o por retener privilegios invariablemente oponen resistencia y hostilidad.

No puede dejar de tenerse en cuenta esa característica, común de la interrelación humana, que muestra invariablemente cómo toda pretensión de imponer hechos o argumentos o generar cambios, choca con una oposición igual y contraria, es uno de los factores cuya consideración es imprescindible.

¿Cómo encuadramos las nuevas realidades con las revolucionarias revelaciones de la ciencia y las innovadoras concepciones filosóficas asociadas?

¿Qué relaciones encontramos con el objeto de este libro?

Las respuestas a estos cuestionamientos son algunas de las hipótesis de trabajo que pretendemos compartir.

La primera fue esbozada al suscitar toma de conciencia de la falacia del mundo newtoniano, cuyas certidumbres y predictibilidad condicionaron las creencias en que nos educamos.

Tal falacia se evidencia no solamente por admitir la pertinencia de los postulados de los científicos contemporáneos que pregonan el fin de las certidumbres, sino que se verifica en las vivencias diarias que muestran cayendo como muñecos en una feria de diversiones las certezas sobre el futuro inmediato, las instituciones tradicionales, megaempresas, sistemas monetarios o políticos, no sin mencionar al fiasco reciente y casi olvidado del comunismo al que bien podría suceder el de su triunfante rival.

Navegar en tormentosas y oscuras noches es una imponderable experiencia.

Confirma la necesidad de alerta e información constante, como única alternativa ante el riesgo de una falsa certidumbre que puede muy bien dar con nuestra osamenta contra las rocas.

Ese paralelismo no es el único que nos fue dado advertir, por cuanto al hurgar en la etiología del término "cibernética" nos encontramos con la sorpresa que su raíz proviene de KIBERNETES, término griego que significa timonel.

Su creador, Norbert Wiener, definió así a la ciencia que estudia el control y comunicación de los seres vivos y las máquinas, la que originó un poderoso movimiento intelectual que partió de la matemática y la física echando sus raíces en las ciencias sociales, la biología y en todos los campos imaginables, al punto que es parte ya del lenguaje cotidiano.

Por qué no, entonces, pensar que el estudio de los conflictos puede abrevar en esa fuente originante de la mayor expansión de la comunicación humana jamás conocida, y concluir así en que la analogía que llevó a Wiener a explicar su teoría, puede aplicarse a la modalidad de manejo de los conflictos.

Quizás resulte más gráfica la comparación con el aprendizaje para conducir una bicicleta. Todos hemos aprendido, golpes mediante, que reestablecer el equilibrio se logra limitando poco a poco las oscilaciones bruscas a uno y otro lado hasta llegar a reducirlas a sutiles movimientos cada vez más cercanos al equilibrio.

El proceso conflictivo entonces, también puede controlarse para llegar a una solución equilibrada, mediante otra serie de acciones, oscilaciones también, configurativas del contraproceso que, en la medida en que limite progresivamente los raptos agresivos amenazantes o confrontativos del primero, progresivamente contribuye a reestablecer el equilibrio entre los contendientes.

Es cada vez más evidente el paralelismo entre los comportamientos humanos y las comprobaciones de las ciencias física o química, que insinuara el propio Prigogyne tras descubrir los efectos de reorganización que se producen tras el alejamiento del equilibrio, configurando inicialmente situaciones caóticas y una reversión ulterior a nuevos patrones estables (auto-eco-organización) fenómeno al que denominó estructuras disipativas.

Cómo aplicar estas incontrovertibles realidades, que llevaron al físico Fritjof Capra (7) a titular su libro "La trama de la vida", a conocer la esencia y dinámica del conflicto para perfeccionar los medios para su eficiente manejo es el apasionante desafío que proponemos.

En principio aparece clara la analogía entre las situaciones conflictivas como rupturas del equilibrio y el orden preestablecido, restando el análisis de la correlación entre las propensiones a la auto-eco-organización descubiertas, y su relevancia en el rol transformador del conflicto como propulsor de una evolución hacia un nuevo orden, con lo cual coincidiría y convalidaría alguna de las teorías que precedentemente citáramos, que asignan un rol decisivo al conflicto en la evolución y desarrollo social.

En suma, todo conflicto puede ser dañoso y nocivo o beneficioso según el manejo que se haga del proceso generado, siendo esta última opción la que se adecua a la función que cumple su inevitable emergencia en todo contexto social.

La secuencia virtuosa se configura entonces, con la restauración del equilibrio en un nivel superior a través del propio ímpetu de la confrontación, reacondicionando los intereses o necesidades respectivas a un nuevo orden.

Otro aspecto a tener en cuenta es que la el pensamiento complejo de que nos habla Edgar Morin, que se trasunta claramente en el remanido concepto de globalización, que ha puesto en evidencia la interdependencia entre todos y todo, ya sea manifestándose cuando se produjeron el efecto tequila, o el efecto vodka o las menos notorias crisis en las antípodas del planeta que sacuden los bolsillos del más humilde de los habitantes de lejanos países, o hacen trepidar los basamentos del mas poderoso.

La comparación antes mencionada, tomando como ejemplo el más simple contrato de compra-venta, otrora bilateral, que hoy llega a estar atado al de una tarjeta plástica, un Banco emisor que da crédito, un seguro contra defraudación, los puntos que acreditan viajes, la garantía del fabricante, el rol de entes reguladores y, a la vez todo condicionado a otros múltiples contratos de la titular de la tarjeta con sus socios de cientos de países y otros millones de establecimientos comerciales regidos por sistemas jurídicos a veces hasta antagónicos

Así se confirma que el contexto social evoluciona incesantemente de lo simple a lo complejo y manifiesta estentoriamente la existencia de la innegable interdependencia.

Los modelos de pensamiento siguen ese mismo curso y de allí la importancia de analizar los casos tomando en cuenta el marco de la complejidad, y escrutar entre las múltiples interrelaciones generadas para evitar que los juicios simplistas nos alejen de la esencia del problema.

Bajo tales supuestos surge la evidencia de la gravitación que tienen los desfasajes culturales, con sus respectivos modelos de pensamiento y sistemas de valores, así como los cambios en el entorno de los personajes disputantes, y de allí la importancia de extender la mirada indagatoria más allá del o los actores e incluso más allá de sus circunstancias aparentes.

Reconocerlo nosotros mismos es imperioso para aprehender la realidad que nos circunda y.condiciona, pues la mayor eficiencia se logra en cualquier intento contando no sólo con la voluntad de llevarlo a cabo sino con el reconocimiento del contexto y de los obstáculos o limitaciones de que depende la consecución de nuestros propósitos.

Terminamos estas consideraciones que nos ilustran sobre las nuevas realidades y su incidencia en nuestro quehacer, citando al maestro Prigogyne, quien sostuvo que: *"..., no podemos ya predecir el futuro, pero en cambio si podemos contribuir a crearlo..."*

V. Causas y efectos

Concordando con la inevitabilidad y razón de ser de la conflictividad en el desarrollo y evolución de la especie y de sus miembros, así como en el rol positivo que desempeña respecto del crecimiento y evolución individual o colectiva nos surgen otros cuestionamientos.

Desde diversos ángulos de estudio se ha verificado lo que Edgar Morin dio en llamar AUTO-ECO-ORGANIZACIÓN. Con ese concepto asimila las conclusiones que desde las ciencias naturales demuestran la existencia de una tendencia natural a establecer un nuevo orden tras cualquier ruptura de lo organizado (caos, inestabilidad, desequilibrio) generadas a partir del descubrimiento de las llamadas "estructuras disipativas" realizado por Ilya Prigogyne. El premio Nobel le fue conferido a este último por la constatación de la existencia de una permanente restauración del equilibrio cada vez que una causa determinaba la ruptura de la armonía preexistente.

El cuestionamiento que se hacía y nos transmitía antes de su lamentable desaparición este incansable investigador, era si podía extrapolarse a los hechos sociales ese hallazgo, atento a que también los biólogos llegaban a similares conclusiones.

De aceptar esa hipótesis, emerge la duda acerca de las razones de la resiliencia, perdurabilidad y tendencia al agravamiento con que se manifiestan ciertos conflictos, (ruptura del equilibrio) lo cual nos lleva a concluir que –si bien existen, como vimos y veremos, signos y señales que muestran rasgos culturales y hasta biológicos proclives a recuperar o favorecer la reconciliación y la cooperación– otros factores psicológicos o conductuales que podemos calificar como antisociales se contraponen con la condición gregaria (eusocial) del ser humano.

En descubrirlos consiste el fascinante desafío del "Conflict Management" y su gratificante consecuencia, contribuir a la creación de los nuevos y superadores ordenamientos.

Equipos de investigación de la Emory University, de Atlanta, Georgia, analizaban grupos de personas a los que se les planteaba el llamado "dilema del prisionero" un típico problema que se analizaba en todo tratado sobre negociación.

Controlando los efectos de cada decisión con instrumentos de avanzadas tecnologías, resonancias y fotografías del cerebro se intentaba determinar los efectos de las decisiones ante la opción.

La sorpresa fue que, contrariamente a lo esperado, se producían reacciones en el área cerebral reconocida por responder a estímulos gratificantes como postres, caras hermosas, dinero o inclusive drogas, cada vez que se producían situaciones de cooperación entre ambos "prisioneros" que estaban incomunicados, consistentes en la secreción de dopamina.

Es reconfortante, sostuvo el investigador Berns, porque de algún modo el estudio demuestra que existe un impulso hacia la cooperación, que explica la propensión a la sociabilidad y la condición gregaria prevalente en la humanidad desde tiempos inmemoriales.

Parecidas conclusiones tuvo desde otro ángulo Erns Fehr de la Universidad de Zurich estudiando el efecto de premios y castigos frente a actitudes en pro o en contra de la cooperación.

Lo novedoso del estudio mencionado en primer término es que resulta fisiológicamente gratificante y determina una sensación nítida de placer la culminación cooperativa de una disyuntiva conflictual, al revés de lo que esperaban encontrar, es decir que fueran las opciones egoístas las gratificantes.

Así se explica el exultante clima que reina cuando se logra un desenlace satisfactorio para ambas partes, lo que fue reiteradamente advertido en nuestras experiencias.

El conocimiento de esos factores será una contribución para lograr comprender primero y manejar después todas las situaciones en que la confrontación interfiere en el curso natural de la evolución, cambio o reestructuración de una relación o institución determinada.

Sostenemos en consecuencia que la búsqueda de solución o transformación del proceso en aras de la recuperación de los equilibrios perdidos pasa en mayor medida por disolver o eliminar resistencias o barreras, simultáneamente con el descubrir las claves o posibilidades de un nuevo orden, de interés recíproco o bien común.

Esa tarea de indagación o investigación es el propósito principal de las técnicas que se han desarrollado para el manejo de los conflictos las cuales tienen como prerrequisito, tal como expresáramos al comienzo el conocimiento de sus aspectos más relevantes, los que se muestran en el gráfico que sigue, el que sumariza los prerrequisitos cuyo conocimiento es necesario para posibilitar el manejo de un caso determinado.

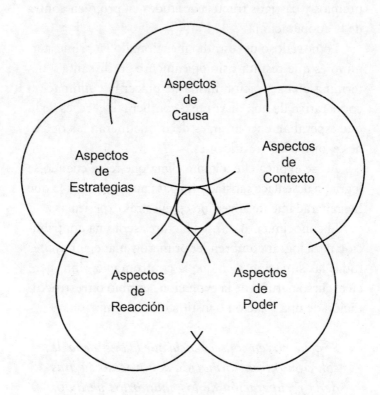

El origen del caso puede deberse a omisiones o acciones de una parte o bien estar determinando por contradicción entre los intereses recíprocos producida por eventos ajenos al control o ingerencia de los involucrados (desastre natural o hechos de terceros).

En este último caso no subyacen muchos de los ingredientes que sazonan a los conflictos emergentes de las propias partes, facilitándose entonces su resolución siempre y cuando –como se aprecia en las anécdotas precedentes- a través de su prematuro y apropiado manejo se evite la ulterior intrusión de factores como los que describiremos, algunos de los cuales tarde o temprano aparecen inexorablemente al permitirse el avance descontrolado del proceso.

La otra categoría, y la más frecuente, que es la que tiene directamente origen en acciones u omisiones de uno o más de los involucrados, añade complejidad, por lo cual resultará de utilidad tomar en cuenta la incidencia de alguno de los factores que más frecuentemente son originantes o coadyuvantes en la escalada de los diferendos.

Identificar el rol de los mismos en el proceso facilita la elección de los medios adecuados para desactivar sus efectos, lo cual será materia de la segunda parte del libro.

Reseñamos, a fin de redondear el concepto, algunas situaciones típicas o lugares comunes que configuran cortocircuitos comunicacionales, predisposiciones a colisionar inherentes a atributos de la personalidad, las que seguramente encontraremos ya en el inicio de un proceso determinado o bien como factor determinante de su camino al descontrol.

1. Temores. Podemos decir sin exageración que tanto en el origen como el desarrollo de toda situación conflictiva los temores o miedos están estrechamente asociados. El desconocimiento y, más aún, la infundada suposición de las verdaderas intenciones de la otra parte genera o exacerba actitudes defensivas, incomunicación y recelo, provocando incluso actitudes agresivas que al responderse determinan la escalada inevitablemente.

Es imprescindible tener en cuenta este factor, principalmente a los efectos del autoanálisis necesario para enfrentar los desafíos, pues si, como hemos dicho, el conflicto asume vida propia con tendencia a absorber nuestras energías o nublar nuestra visión de la realidad, son los temores o incertidumbres sobre los eventuales contrincantes los que podríamos denominar tentáculos atrapantes del conflicto.

A esa situación se refería Covey cuando sostenía que debemos evitar ser parte del conflicto y en cambio tomar parte en la solución, lo que se logra siempre y cuando sea posible actuar con pleno autodominio y objetividad. Como no siempre es así, aparece la necesidad de recurrir a terceros, lo cual fue agudamente percibido por el dicho popular que reza "el abogado de sus propios asuntos tiene a un tonto como abogado".

La importancia de una visión desapasionada y realista para superar este factor, aportada por un tercero, emerge así claramente.

2. Malos entendidos. La interpretación errónea de los mensajes emitidos por alguna de las partes se da reiteradamente, pero es aún mayor su incidencia cuando alguna de ambas se encuentra a la defensiva o bajo un riesgo real o presente, en cuyas circunstancias las suspicacias deforman el significado de palabras o gestos.

Si bien la paranoia es una característica de solo algunas personas, los temores asociados a la situación conflictiva incentivan esos rasgos y distorsiones perceptivas aún en individuos que lejos están de padecer esa disfunción en su estado normal.

Ha sido comprobado merced a los creadores de la denominada psiconeurolingüística que existen distintos "equipamientos" de percepción que hacen a la compatibilidad o incompatibilidad en la comunicación interpersonal, pues hay determinadas personas que se guían predominantemente por la vista, otras por el habla y la escucha, en tanto que existe un tercer grupo para el que la sensibilidad es excluyente y dificulta entenderse con los otros.

Ese fenómeno, que pasa desapercibido para la generalidad determina que no se adviertan los motivos de reiteradas frustraciones del tipo "Fulano jamás entiende lo que le digo" o "...es como hablarle a la pared...".

En realidad se trata de diferencias o incompatibilidades perceptivas predispuestas y totalmente ajenas a la voluntad de los interlocutores. Explica eso no solo dificultades para la comunicación sino consecuencias ulteriores de todo tipo como ser el dar origen a confrontaciones.

La elucubración de supuestas intenciones del "otro" no fundadas en la realidad sino producto de esquemas o fantasías propias son apenas ejemplos de una de las más frecuentes situaciones que engendran disensos y otras consecuencias divisivas.

3. Venganza. El impulso (ojo por ojo) que lleva a responder con intención de inferir igual o mayor daño que el sufrido, frecuentemente lo podemos encontrar. La incidencia de este factor, que se retroalimenta por reciprocidad es crucial por su incidencia en el agravamiento de las diferencias y la escalada del conflicto.

Aparecen con singular frecuencia los actos retaliatorios aún diferidos en el tiempo como una necesidad interna de quien sufrió alguna agresión o daño por lo que no sólo debe atenderse a la existencia de ese revanchismo, sino tomar en cuenta que de no satisfacer esa pulsión interna mal puede recuperarse la paz o armonía en una relación.

Es similar al anhelo de lograr Justicia, que procura incluso ante las injurias más graves obtener actos simbólicos o sustitutivos que aparezcan como gravosos para el victimario al que pretende ver sufrir en carne propia algún padecimiento sustitutivo, como ser una sanción.

En el capitulo III ampliaremos el concepto y su comprobada relación con mecanismos neurotransmisores del ser humano que se activan ante estos estímulos.

4. Negligencias. El accionar desaprensivo o carente de consideración de eventuales consecuencias dañosas a terceros es otro de los lugares comunes cuando de conflictividad se trata. Cualquier actividad, o desempeño profesional es pasible de su ocurrencia, que adquiere particular trascendencia en el ámbito médico-hospitalario y el de los accidentes de tránsito siendo los casos que con más asiduidad se presentan conteniendo esta variante.

5. Desconocimiento de los límites. Incluimos aquí no solo lo más obvio, como son los que involucran los límites de propiedades físicas, sino también el concepto de distancia aceptable entre personas, tan diferentemente percibido aquí o allá. Estudios antropológicos han identificado el acto de extender la mano como signo demarcativo del ámbito territorial de cada persona. Trasponerlo es diferentemente tolerado en cada caso, y muchas veces inaceptable por ciertas culturas.

También tiene consecuencias la irrupción en el "espacio" de otra persona, entendiéndose por tal la esfera de lo inmaterial o subjetivo como las creencias, amor propio, valoración u otro atributo del ser humano el que se puede violar, ultrajar, invadir o herir con manipulaciones, palabras agresivas, desvalorizando o discriminando.

Aquí volvemos a entrar en campos más sutiles pero de inestimable valor analítico.

Es necesario tener en cuenta que en el curso de todo intercambio comunicacional pueden ocurrir estas extralimitaciones agraviantes. Es precisamente el carácter sutil y no siempre ostensible de estas manifestaciones el que las constituye en claves para identificar causas o incentivos del agravamiento de los diferendos.

Una típica actitud que es visible en todo el espectro de las relaciones humanas es la de desvalorizar al interlocutor, quien advierte a veces, y otras no, con nitidez el agravio a su integridad, con consecuencias inexorables en cualquiera de ambos supuestos pues la reacción se produce ya sea a nivel consciente o inconsciente, inmediata o retardada.

Este rubro comprende también un tópico que genera en la actualidad las mayores controversias como es el campo de la genética, la bioética, las fronteras de las acciones terapéuticas, donde los indefinidos contornos de la práctica se prestan a la manipulación por parte de dirigentes o cualquier tipo de profesional, sin excluir la posible participación obviamente determinante de caracteres psicopáticos, pululantes por doquier.

6. Etnocentrismo: se conoce así a la tendencia de toda cultura y sus cultores a juzgar a los demás con los códigos o valores propios, desconociendo no sólo la posible existencia de otras creencias, sino incluso pasando por alto la realidad de marcos de referencia distintos en el otro.

Aún dentro del propio entorno los respectivos estadíos generacionales o pertenencias socioeconómicas se crean incesantemente nuevos marcos de referencia o subculturales que colisionan con los preexistentes. El aferrarse al propio sistema de creencias o pretender generalizarlo desconociendo que pueden existir otros es el común denominador de esta categoría a la que la psicología social y la antropología han dedicado profundos estudios.

Se dice al respecto que todos juzgamos a los demás con los lentes o esquemas de nuestro "mapa" o conjunto de creencias que conforman nuestra posición frente a la realidad circundante, la que se origina y sustenta en códigos o valores de la propia comunidad o grupo de pertenencia. De allí la incomprensión de una diferente perspectiva ajena y lógicas consecuencias.

La variante más exacerbada de este fenómeno se manifiesta cuando se pretende imponer a otros algún sistema de valores o ciertos conceptos, lo cual se conecta con la invasión al espacio individual o colectivo antes descripta y de cuyas trágicas consecuencias está llena la Historia de la Humanidad, y que lamentablemente aún la más reciente lo vuelve a demostrar cruentamente.

7. Prejuicios. Íntimamente relacionado con lo anterior y por tanto omnipresente en toda situación donde se involucran partes con distinto bagaje cultural u origen étnico, social o simplemente desconocidos a los que se le asignan falsas intenciones, atributos o características despectivas a despecho de la realidad, que la propia Naturaleza expresa en la biodiversidad, y la irrepetibilidad de rasgos hasta en cada individuo del mismo origen.

Gordon Allport (La Naturaleza del Prejuicio. Ed. EUDEBA) (8) ha contribuido magistralmente al estudio de los múltiples efectos de esta característica falla de la personalidad, demostrando que sus efectos llegan a engendrar incluso violencia cuando, a estos conceptos o juicios apriorísticos, se suman intereses o competencia por bienes, territorios o espacios de poder.

Tanto hoy como siempre, en la puja por puestos de trabajo, al menor atisbo de crisis la discriminación aparece y véase si no lo que ocurre con los inmigrantes actualmente en cualquier rincón del planeta.

El conflicto racial, quizás el más notorio ejemplo de esta tipología, mostró su evolución como proceso irresoluto, de la aparentemente inocente latencia como prejuicio a las mas violentas manifestaciones aquí y allá no bien un atisbo de competencia aparece.

La influencia del mencionado tratadista y otros de los precursores de la psicología social (9) logró que se instrumentara en Estados Unidos la llamada "Affirmative Action", un modelo de intervención proactiva como la que aquí preconizamos para cualquier caso y que es aplicable en cualquier ámbito.

Consistió en promover la interacción de las minorías con el resto de la población en escuelas y lugares de trabajo, incluso obligatoria, posibilitando, con la progresiva convivencia, y al poco tiempo, diluir y reducir las disputas y confrontaciones que generalizadas e incontrolables, llegaban al punto de ignición allí en la década de 1960. Los resultados fueron notables.

Estimamos que el referido caso representa un modelo plausible de manejo de un tema por demás escabroso y la experiencia adquirida es una inestimable contribución al tema que nos ocupa, pues en la esencia de cualquier intento de solución de confrontaciones está la vía de facilitar la comunicación y lograr de tal modo el reconocimiento recíproco.

8. Errores. No debe escapar a la exégesis de quien desee profundizar en las formas que caracterizan los conflictos, el carácter no siempre ostensible de este factor.

Su propia característica insta a quien comete una falencia a ocultar sea por razones tácticas, por idiosincrasia personal, o por considerarla una muestra de vulnerabilidad o bien a fin de evitar responsabilidades ulteriores.

Es habitual asimismo que tal ocultamiento lleve a los representantes de una misma parte a actuar encubriendo el hecho, o bien desconociendo que tal circunstancia incide en el desarrollo del proceso conflictivo, lo cual amerita indagar acerca de tal eventual incidencia de darse la circunstancia.

El tema no es nimio, pues detrás de gravísimos acontecimientos subyacen errores involuntarios por negligencia o mera desconcentración,. Accidentes de tránsito, quirúrgicos, o de aviación, con las innumerables secuelas de los intereses encontrados consiguientes, son frecuentemente producidos por esos factores.

Maestro y precursor de los estudios sistemáticos de la negociación, el hoy nonagenario Gerard Nierenberg tuvo en cuenta la necesidad de ocuparse de técnicas para detectar y evitar errores advirtiendo no sólo su gravitación en los conflictos sino también la inversa.

Las causas de los errores, distracción, negligencia o desconcentración en general se producen cuando el acto es realizado por alguien cuya preocupación o atención está absorbida por una situación conflictiva familiar, económica o de cualquier índole que le impide controlar su accionar aunque sea sólo por un efímero y fugaz instante.

Preguntarse porqué un carpintero usa la sierra cientos de veces sin problemas y un día fatídico se accidenta significa dejar de lado la apelación facilista a la casualidad y pensar –como se ha comprobado- que su distracción se origina en un problema acuciante que invade su mente, y lo absorbe como venimos mostrando lo hacen las vivencias conflictivas.

Un estudio originado en la Escuela de Salud Pública de la Universidad de Harvard y patrocinado por la Fundación Henry Kaiser entre 800 médicos y 1200 no médicos determinó que 35 % de ellos reconocieron que ellos o miembros de sus familias experimentaron consecuencias por errores médicos, algunos con consecuencias serias. Las cifras y conclusiones concuerdan con datos del Instituto de Medicina y el New England Journal of Medicine señalando que en los últimos años superan en cantidad a las muertes originadas en accidentes de tránsito (fuente: editorial del International Herald Tribune, Diciembre 20, 2002).

Semejante tendal de víctimas meritúa trabajar más a fondo sobre la incidencia de la conflictividad en los errores tanto como la relación inversa, y ese es el guante lanzado en este ensayo respecto a un tema que, por lo señalado, merece y le seguiremos dedicando la más esmerada atención.

Es ya manifiesto el cúmulo de consecuencias que el pánico creado en el área médico-hospitalaria produce, generando a su vez nuevos errores u omisiones que multiplican la conflictividad al punto de hacer prohibitivo el pago de primas de seguro que en la mayor parte de los casos exceden el ingreso del asegurado. A simple título de ejemplo la prima anual en EEUU para neurocirujanos y obstetras es de U$S 200.000.- lo que preanuncia el dramático futuro en nuestra área de no atacarse las causas a tiempo.

Seguimos viendo aquí la circularidad de los fenómenos que se concatenan así produciendo nuevas alternativas dañosas.

9. Déficit de autoestima. Contrariamente a lo que se supone a través de las apariencias, las conductas y estilos beligerantes provienen no ya de personalidades seguras de sí mismas o de la legitimidad de sus requeri-

mientos, sino que muy por el contrario configuran en general signos de debilidad o falta de confianza en sí mismo del agresor. Obviamente serán las circunstancias específicas las que permitirán discernir si ese es el caso, aún cuando la hipótesis merece ser considerada en cada oportunidad, dado que las respuestas de similares características (en espejo) no harán más que exacerbar la belicosidad de la disputa.

La clave para transformar el clima generado por individuos de esta característica consiste en no responder a lo manifiesto sino al llamado oculto tras la "demostración de fuerza" que puede consistir en sentimientos de abandono, necesidad de ser escuchado, o considerado como persona.

Es este caso el apropiado para poner de manifiesto que el propio autoanálisis en toda etapa de confrontación, incluso para quienes se agregan voluntaria o involuntariamente al escenario de la disputa requiere la consideración profunda del efecto que producen en la propia autoestima las interacciones que se desarrollan, pues la más eficiente actuación se producirá en la medida que puedan gobernarse o controlarse las reacciones inadecuadas que provocan las sutiles o deliberadas desvalorizaciones proliferantes en los climas adversariales. No es tarea fácil.

En el curso de cualquier interacción los halagos, las calificaciones o descalificaciones son ingredientes infaltables y la reacción ante cada diferente estímulo va a producir o bien un mejor clima o bien una cadena de reacciones negativas que inflama controversias.

La casuística que antecede no agota obviamente el ámbito de las posibilidades, entre las que por añadidura se encuentran conductas de mala fe, deshonestidad e ilegitimidad, pero siguiendo el direccionamiento de nuestra tesis consideramos importante reiterar que también la errónea conceptualización o incapacidad de aceptar eventuales desacuerdos, como el mal manejo ulterior constituyen causa y alimento de las confrontaciones en general y por tal motivo enfatizamos los beneficios del adecuado y precoz manejo del proceso, para lo cual tener en cuenta o identificar si se presenta alguno de los factores enumerados es de suma utilidad, como también lo es identificar la forma de contrarrestar los efectos de cada una de las variantes, tema acerca del cual se referirán las páginas que siguen.

Para cerrar este capítulo estimamos conveniente volver a llamar la atención sobre la característica indisoluble e interdependiente de causas y efectos en la interacción a la que la teoría de la comunicación reconoce como circularidad.

Tomemos este gráfico ejemplo citado por Gabriel Justiniano (El Arte de Llegar a Acuerdos LUMEN HUMANITAS) (10).

"...A dice que cuando está con B se pone a la defensiva porque A siempre le agrede y B dice que se enoja porque siempre que está con A ella se pone a la defensiva..."

Este tipo de influencia recíproca entre causa y efecto tipifica la llamada "profecía autocumplida" pues inexorablemente determinados efectos temidos son provocados por el propio accionar del timorato, y esa relación entre causas y efectos, se constituyen en protagonistas principales constitutivos de la etiología del conflicto.

VI. LA DANZA DE LOS OPUESTOS

Seguidamente enfocamos nuestra atención en el interjuego de fuerzas contradictorias, una característica inseparable de los comportamientos humanos, que a efectos del reconocimiento o disección del proceso conflictual merece singular atención, por lo cual tomaremos, a fin de desarrollar el tema como material ejemplificativo algunos párrafos pertenecientes al autor del difundido libro traducido al español como "La Guerra de las Civilizaciones", SAMUEL HUNTINGTON traducción que trae a la memoria el conocido aforismo itálico "traduttore:tradittore" por lo que se verá.

El título de la versión en español constituye una constatación de las confusiones derivadas al traspolar conceptos de una cultura a otra, pues el título original "CLASH OF CIVILIZATIONS" debería interpretarse como "CHOQUE O COLISION ENTRE CIVILIZACIONES" y no como guerra, dado que ésta en todo caso puede ser consecuencia eventual pero no necesaria de esa divergencia, que es el concepto y sentido que entendemos eligió el autor.

Las hipótesis de conflicto allí sustentadas resultan también útiles como modelo analítico válido para reconocer diversos factores que juegan también en situaciones interpersonales o intergrupales de menor envergadura, en razón de la similitud de su dinámica y del rol que el sistema de creencias y la adición de nuevos partícipes juega a todo nivel en las relaciones humanas.

"*La política global está atravesando un proceso de reconfiguración, en el cual la cultura es una fuerza unificante y divisiva a la vez. Pueblos separados por la ideología pero unidos por la cultura se unen como ha ocurrido con las dos Alemanias y como las dos Coreas y varias Chinas están comenzando a hacer. Pueblos y gobiernos hablan crecientemente en términos de comunidades culturales que trascienden los límites estatales: la gran Serbia, la gran China, la gran Turquía, la gran Rusia con su extranjero cercano, la gran Hungría, la gran Azerbaiján, la gran Albania. Sociedades unidas por la ideología o por circunstancias históricas pero divididas por la civilización se han desmembrado, como la Unión Soviética, Yugoslavia, Bosnia y Etiopía, o se hallan sujetas a intensas tensiones, como Ucrania, Kazakhstán, Nigeria, Sudán, India, Sri Lanka, y muchas otras. Países con afinidades culturales cooperan económica y políticamente. Las organizaciones internacionales basadas en Estados con afinidad cultural son mucho más exitosas que aquellas que intentan trascender las culturas. Por todo el mundo el nivel de integración económica regional que logran los países está directamente relacionado con su grado de afinidad cultural.*

En este mundo, los conflictos más pervasivos (sic), importantes y peligrosos no serán entre clases sociales, ricos y pobres, u otros grupos de-

finidos económicamente, sino entre pueblos pertenecientes a entidades culturales diferentes. Las guerras tribales y los conflictos étnicos ocurrirán dentro de las civilizaciones. Empero, la violencia entre estados y grupos de diferentes civilizaciones, lleva consigo la potencialidad de la intensificación cuando otros estados y grupos de estas civilizaciones concurran en apoyo de sus "países parientes". El choque sangriento de clanes en Somalía no representó ninguna amenaza de un conflicto más amplio. El choque sangriento de tribus en Ruanda tuvo consecuencias para Uganda, Zaire y Burundi pero no más allá. Los choques sangrientos de civilizaciones en Bosnia, el Cáucaso, Asia Central o Cachemira, podrían en cambio convertirse en guerras mayores e implicar a otros Estados. En los conflictos yugoslavos, países católicos de Europa y América Latina ayudaron a los croatas; Rusia y Grecia proporcionaron ayuda diplomática y material a los serbios; Arabia Saudita, Irán y Libia destinaron fondos a los bosnios y Turquía e Irán le proveyeron de armas. ¿Por qué? No por razones de ideología o política de poder o interés económico sino por parentesco cultural. Los frentes de batallas peligrosos son los que coinciden con las fallas entre civilizaciones.

Los supuestos filosóficos, los valores subyacentes, las relaciones sociales, las costumbres, y los puntos de vista sobre la vida difieren significativamente entre civilizaciones. La revitalización de la religión en buena parte del mundo está reforzando estas diferencias culturales. Las culturas pueden cambiar, y la naturaleza de su impacto sobre la política y la economía pueden variar de un período a otro. Con todo, las principales diferencias de desarrollo político y económico entre civilizaciones están claramente enraizadas en sus diferentes culturas. El éxito económico de Asia oriental tiene su fuente en la cultura de esa región, a la que se atribuyen a la vez las dificultades que esas sociedades han tenido en la consecución de sistemas políticos democráticos estables. La cultura islámica explica en gran parte el fracaso de hacer surgir una democracia en la mayor parte del mundo musulmán. La evolución de las sociedades poscomunistas de Europa oriental y de la antigua Unión Soviética está conformada por sus identidades civilizacionales. Aquellas con raíces occidentales y cristianas están logrando progresos hacia el desarrollo económico y la política democrática; las perspectivas de desarrollo político y económico en los países ortodoxos son inciertas; las perspectivas en las repúblicas musulmanas son desoladoras.

Durante la Guerra Fría, el orden que había era el producto del dominio de las superpotencias sobre sus dos bloques, y de la influencia de éstas en el Tercer Mundo. Ahora el poder global es obsoleto, la comunidad global, un sueño lejano. Los componentes del orden en el mundo más complejo y heterogéneo de hoy se hallan dentro y entre las civilizaciones. El mundo estará ordenado sobre la base de las civilizaciones y, a través de negociaciones con otros estados núcleo, entre las civilizaciones. La capacidad de un estado núcleo

> *para desempeñar su función ordenadora depende de que otros estados lo perciban como un pariente cultural. Una civilización es como una familia ampliada. Como miembros mayores de la familia, los estados núcleo proveen a sus familiares apoyo y disciplina. En ausencia de ese parentesco, la capacidad de un estado más poderoso para resolver conflictos e imponer orden en su región es limitada. Pakistán, Bangladesh, e incluso Sri Lanka no aceptarán a la India como proveedor de orden en Asia del Sur, y ningún otro estado de Asia oriental aceptará a Japón en ese rol."*

Elegimos el texto glosado pues resulta útil para poner de manifiesto como, a pesar de su valioso y exegético análisis, omite tomar en cuenta la mayor complejidad del contexto, y considerar otros factores que fueron, son o serán los determinantes eventuales de la escalada del proceso (petróleo, política, prejuicios, pobreza, dictaduras), o de su transformación, pues no todas las antípodas culturales resultan ni resultaron históricamente incompatibles, y abundan ejemplos de mutuas adaptaciones, la contracara del panorama descrito.

He allí una clave para nuestra tarea: *Los conflictos en general tienen orígenes multifactoriales y también autocontradicciones, por lo cual en ellos subyacen y se anidan gérmenes potencialmente aptos para su transformación o disolución.*

VII. Interpretación del conflicto

U na de las premisas básicas a tener en cuenta al momento de hurgar en el contexto de cada caso consiste en advertir que generalmente un conflicto presenta tanto aspectos manifiestos como otros no manifiestos, siendo los primeros usualmente sólo la fachada de un diferendo o resentimiento oculto, sin cuya individualización se dificulta una efectiva solución.

Un ejemplo prototípico es el de los herederos o miembros de sociedades de familia que desatan disputas dinerarias encubriendo a través de ellas viejos resentimientos, lucha por celos, privilegios afectivos de vieja data o incluso rencillas de la infancia misma.

Es dable comprobar esa característica sustitutiva dentro de las relaciones más cercanas así como en ámbitos sociales más amplios, siendo el rol del conflicto en tales casos en algunas oprtunidades un "recurso" inconsciente para mantener la relación, o para manifestarse ante la incomprensión o falta de atención del resto del grupo, muchas veces como anomalía crónica.

Producto de tal situación es el personaje que reitera conductas confrontativas o incluso antisociales, tras las cuales se ocultan carencias o frustraciones de cualquier tipo, que es a las cuales resulta conveniente apuntar.

Un ejemplo extremo de esta tipología es aquel que estudios de criminología juvenil han identificado como "corner boy" refiriéndose al niño o adolescente acorralado entre el propio entorno y la misma sociedad que, negándole contención u oportunidades, le hace recurrir a la estridencia provocadora manifiesta en agresiones, o conductas violentas.

Aún en el mundo de los negocios, la política o en las mismísimas guerras también se dilucidan recelos, prejuicios, motivaciones o rencores ancestrales encubiertos en la promoción de las respectivas discordias.

Allí reside la habilidad del negociador o mediador consistente en develar lo no manifiesto en las encontradas posiciones de los contrincantes, y una de las claves para lograr éxito para la composición adecuada de los sustanciales intereses recíprocos.

Subsumimos en lo anterior otro requerimiento que es esencial no solo para conocer los orígenes del diferendo, sino también para advertir el mensaje o la oportunidad de cambio no traumático que –como ya vimos– está ínsita en él y es la interpretación.

El primer paso ante un conflicto, entonces, consiste *en interpretar cual es el mensaje que está trasmitiendo.*

El conflicto es un mensaje

Los ejemplos precedentes son algunos de los tantos casos en que el conflicto es el mensaje que indica la necesidad de un cambio en la relación, que se manifiesta incluso inconscientemente por parte de quien lo provoca.

Arribamos aquí a la esencia misma del proceso que describimos.

Tanto en el caso de un contrato, suscripto con total buena fe tiempo atrás, al que sobrevienen circunstancias exógenas que alteran el equilibrio preexistente, como en relaciones de pareja o societarias se suscitan situaciones que requieren restablecer acuerdos, y los conflictos aparecen como señales de alerta.

En tales casos el diferendo nos puede estar diciendo: o modificamos el statu quo o bien tarde o temprano la crisis se desata sin control.

Reconocer los llamados de atención es una de las cualidades que permiten mantener relaciones estables y armónicas, pues casi nunca las relaciones personales o comerciales están exentas de que sobrevengan hechos que generen intereses contradictorios.

El manejo adecuado de las relaciones implica estar alerta a los mensajes subyacentes y denota, al mismo tiempo la necesidad de cambiar la percepción del fenómeno conflictivo, considerándolo no ya como amenaza sino muchas veces como *mecanismo de adaptación a nuevas realidades.*

Se advierte hasta aquí el énfasis que ponemos en la obtención de información para dominar cualquier situación, pues solo a partir de allí es procedente pasar a la acción, es decir la intervención activa inmediata ante el conflicto, que implica mantenerlo como objeto de tratamiento pero procurando en todo momento colocarse fuera de su órbita, primero como observador y luego como conductor.

Advertimos por ello, además, que no resulta adecuado pretender una inmediata y apresurada salida del proceso, sea elusión, eliminación, o siquiera solución sin el paso previo consistente en la interpretación de sus causas y eventual mensaje, lo que se logra identificando todos los aspectos ostensibles o velados que están al alcance; a lo cual además sigue otro recaudo; el manejo de los tiempos.

Desde el momento en que asumimos que la emergencia del conflicto implica una demanda de cambio o transformación de la situación preexistente, hemos conseguido un sólido punto de partida y alejado las suspicacias que enturbian el sano juicio.

Enfrentamos entonces la disyuntiva entre aferrarnos a preservar o mantener el statu quo, lo cual no solo depende de nuestros deseos sino también de nuestras reales posibilidades, o bien disponernos a analizar qué tipo de modificaciones serían admisibles y dentro de qué límites podemos movernos para lograr un nuevo status restaurador del equilibrio.

Es contando con toda esa información que nacen las posibilidades de elegir el curso de acción más conveniente, lo cual amplía el espectro de nuestras posibilidades.

El término acción debe ser enfatizado por ser el pilar de nuestra tesis, para diferenciar la actitud adecuada de la reacción, que por el contrario es la que nos convierte en súbditos del conflicto, sometidos a sus alternativas como marionetas a los vaivenes eólicos.

En consecuencia podemos identificar tres fases o etapas para el logro de nuestros objetivos:

Diagnosis: *que implica la evaluación de los datos disponibles a fin de descubrir las causas, características y demás factores en juego.*

Prognosis: *estimación de las consecuencias y/o probables desarrollos del proceso en caso de adoptar una actitud pasiva y no intervenir en el mismo, una respuesta que escale el proceso u otra alternativa disponible.*

Estrategia: *basada en los análisis precedentes, para determinar los pasos adecuados, y decidir*

cuál es la intervención requerida y quien o quie-
nes la desempeñará.

Cuando de estrategia estamos hablando, resulta obvia la propuesta de este trabajo hasta para un ajedrecista principiante, que reconoce la ventaja de jugar con las piezas blancas porque son las que tienen el privilegio de la iniciativa. Y también allí como en nuestro caso el secreto y el desafío consiste en obtenerla, mantenerla, o recuperarla cuando se ha perdido.

SEGUNDA PARTE

SECUNDA PARTE

I. EL PROCESO RESTAURADOR. LA INVERSIÓN DEL FLUJO ENERGÉTICO

Puede advertirse de la lectura precedente y cuanto sigue que el enfoque que damos al fenómeno conflictual toma en cuenta la totalidad del contexto, y seguimos para esa amplitud de mira el denominado pensamiento sistémico que considera cada estructura como la manifestación de diversos procesos concomitantes.

Se dice por ello que todo pensamiento sistémico es en definitiva pensamiento procesal, pues capta así no solo el contexto en un momento dado, sino tal como es en su origen, dinámica y evolución.

Este enfoque nos permite una más profunda inmersión en la realidad, que – es necesario reiterar- deviene cada vez más compleja y propensa por lo tanto a ocultarse ante quienes pretendan enfocarla con las anteojeras de explicaciones simplistas o preconceptos unifactoriales.

Las causas únicas y las conclusiones inamovibles conducen a asumir una mera ficción y es imperioso relativizarlas para evitar la toma de decisiones erróneas.

Pero comprobamos además los beneficios para el análisis de cada caso la consideración procesal pues su mayor eficacia para captar la situación es comprobable con solo verificar en un caso similar la diferencia entre una secuencia de video en contraposición con una fotografía, comparación que hace obvia la necesidad de conceptualizar la multiplicidad de acciones y reacciones que se suceden en el transcurso de una dinámica conflictiva como un proceso.

Siguiendo con las analogías, el jusfilósofo Jurgen Habermas (12) asimilaba las crisis sociales a la enfermedad que, como es bien sabido, se configura como un proceso con determinadas fases características.

Con la misma metodología de la medicina podemos encarar, una vez munidos del diagnóstico, la forma de revertir el proceso conflictual y elegir los métodos, herramientas o acciones apropiadas.

Esta reversión configura un nuevo proceso que transforma la misma energía que alimenta el conflicto en impulso para su remisión.

Tal como ocurre con el organismo humano la cura requiere un "procedimiento terapéutico" y consecuentemente ante la ruptura de la armonía en un grupo, empresa o la convivencia de personas, se impone aplicar algún procedimiento adecuado a las circunstancias para restaurar el equilibrio.

Otras disciplinas científicas pueden contribuir a la mejor compresión del contexto en que se desarrolla el fenómeno conflictual, y las fuerzas exógenas que constituyen factores incidentes en los procesos.

Siendo nuestro objetivo conocer y hurgar en lo más profundo de la interacción humana no podemos pasar por alto la existencia de un campo de investigación, ya mentado anteriormente, y que ha tenido en las últimas décadas el más resonante impacto en nuestras vidas, la cibernétic.

Sus precursores, matemáticos, neurocientíficos, ingenieros, y científicos sociales mostraron especial interés en reconocer las modalidades que llamaron patrones (patterns) de comunicación, y particularmente, en el funcionamiento de los que nominaron "bucles cerrados".

Así surgieron conceptos para entonces novedosos, pero que hoy ya forman parte del léxico usual, como ser los patrones de organización y la idea de retroalimentación, de suma utilidad para la comprensión de la dinámica de toda interacción, sea conflictiva o no.

Tal fue el entusiasmo que la aplicabilidad de esos modelos suscitó que sus cultores llegaron a proponer la idea general de existencia de patrones de conducta como características claves de la vida.

Siguiendo ese camino fue como se logró una acertada descripción y denominación del proceso vital de autorregulación que caracteriza a los organismos vivos y les permite mantenerse en equilibrio dinámico retroalimentado.

Walter Cannon fue quien lo bautizó, y toda la Ciencia Médica a partir de él adoptó el nombre de "homeostasis" para definir el fenómeno.

La ciencia social siguió similares pasos para demostrar que el funcionamiento y relación entre personas, grupos e instituciones sigue también determinados patrones y tendencias a la restauración de equilibrios, cada vez que se producen hechos que lo alteran.

Concluimos así que el mecanismo de retroalimentación es el más adecuado y gráfico para analizar el proceso conflictivo en el cual se suceden acciones y reacciones que incentivan una expansión y escalada a nuevas fases como disputa, guerra, agresiones, revanchas, etc., y su solución terapéutica.

Esta compatibilidad es la que se corresponde con la característica vital del proceso conflictivo a que nos referíamos, pues durante su nacimiento y subsistencia recicla la energía que en él depositan los contendientes, detalle fundamental para visualizar también la posibilidad de traspaso e inversión de esa fuerza para configurar el contraproceso transformador o restitutivo de la armonía (homeostasis) quebrada.

Más efectivo aún para comprender ese funcionamiento resultará aplicar el concepto de bucles retroalimentados a la conducción del contraproceso transformador del conflicto, el cual se desarrolla a través de sucesivos intentos que serán cada vez más certeros en la medida que mas nos adoptamos a las particularidades del caso.

La analogía que utilizaban los cibernéticos para describir el mecanismo aparece en la etimología del propio nombre adoptado, pues deriva del término griego "kibernetes" que en nuestra lengua significa timonel, y lo graficaban así:

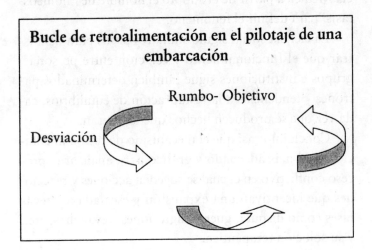

Bucle de retroalimentación en el pilotaje de una embarcación

Rumbo- Objetivo

Desviación

Cuando se propugnan acciones proactivas ante el reto del disputante se actúa como el timonel que, ante el efecto de cada cambio de viento, corriente o marejada que produce una desviación y lo aparta de su derrotero, corrige el rumbo, una y otra vez hasta lograr el arribo al destino deseado perseguido.

Todo cambio de circunstancias, agresión, nuevas propuestas etc, trae consigo asimismo cada vez la necesidad de corregir la estrategia o las acciones previamente adoptadas, optando por otras adecuadas al nuevo escenario.

Cabe aquí – a esta altura– poner de manifiesto otra llamativa característica de la inercia que adquiere el contraproceso, al darse un inicio idóneo en pro de la solución de una disputa o controversia desatada.

Es abundante la experiencia, propia y ajena, que muestra casos en que, aunque una intervención neutral, como ser mediación, no culmina inicialmente en acuerdo, sin embargo provoca algún tiempo después una conciliación espontánea de las partes.

Esto se explica por la acción de mecanismos internos de la psiquis que normalmente toman tiempo para ser elaborados y producir los cambios internos necesarios para digerir el nuevo contexto.

Por tal motivo, siempre es útil el intento, pues una vez que tiene inicio la actitud contrasintomática, su evolución y su progresión adquiere cierta autonomía y el efecto, aunque lento de por sí se facilita.

El término *impasse*, de cuño psicoanalítico, es empleado también para definir el lapso que sigue a la interrupción de una mediación u otra intervención en el proceso conflictivo y es el que mejor representa el concepto, pues a la vez que expresa la interrupción de la intervención, implica que ha tenido inicio el proceso inverso, que una vez provocado, puede seguir funcionando internamente en los involucrados posibilitando frutos en el tiempo.

La conclusión práctica de lo antedicho consiste en advertir que no necesariamente la falta de acuerdo o conciliación implica necesariamente fracaso, y seguidamente que las premuras o presiones para un acuerdo no son convenientes, pues producir un cambio interno en los involucrados requiere cierto tiempo de maduración para superar las resistencias.

En consecuencia, debe reafirmarse la utilidad de todo intento que dé comienzo al proceso de solución, siendo los acuerdos mínimos parciales o incluso los meramente formales un valioso aporte, y la evidencia que el nudo gordiano comienza a destrabarse.

El historiador Arnold Toynbee usaba esa figura en su frase: "El nudo gordiano no se libera con el filo de la espada sino con la paciencia de un monje".

Tener en cuenta las advertencias precedentes no implica en modo alguno adoptar o conformarse con la actitud pasiva de espera, sino contar con que los efectos progresivos configuran parte integrante del proceso virtuoso de conducción o manejo que delineamos cuando se detectan resistencias o se estanca el caso.

Obviamente no se puede generalizar que la inercia lograda en un primer intento sea suficiente, pues aún cuando los tiempos deben ser respetados por todo estratega, los requerimientos y novedades que se producen en cada caso determinarán conveniencia de elegir nuevas vías de abordaje, (correcciones del rumbo) recurriendo a las herramientas disponibles y adecuadas para cada una de las etapas que se van suscitando.

El manejo del proceso virtuoso, si bien requiere de experiencia, capacitación y técnicas se acerca más a un arte que a una ciencia, pero, como todo arte requiere de práctica y cualidades que la misma va delineando, y de un modelo de liderazgo muy definido.

El manejo de conflictos es tarea de todos y cada uno, por lo que las consideraciones que hacemos son tan pertinentes para uno mismo en el diario relacionamiento, como para quien está a cargo de un grupo, institución, empresa o gobierno, y aún más para quienes hacemos del manejo y estudio de los conflictos una misión o profesión.

El continuo aprendizaje, perfeccionamiento y reflexión sobre el accionar propio es la usina generadora de uno de los acervos más importante de quien pretenda liberarse de las ataduras de los conflictos o liderar procesos restauradores.

II. EL LIDERAZGO ESPONTÁNEO Y SUS OBJETIVOS: CÓMO LOGRARLO Y CONSOLIDARLO

Tal como venimos advirtiendo, dado que el conflicto es un contrincante multifacético e imprevisible, se requerirá del uso de diferentes enfoques, técnicas o herramientas para revertir su impulso, pero con carácter previo correspondería hincar el diente en las dotes apropiadas para conducir el proceso, lo cual nos dirige inexorablemente a profundizar en ciertas características del liderazgo.

Habíamos insinuado ya el tema al introducir la analogía con el timonel, pues son sus mismas cualidades las que redundarán en una conducción efectiva del proceso conflictual.

Cuando el timonel de una embarcación a vela se enfrenta con la fuerza eólica, y el mar enarbolado por la misma, usa esa misma energía para lograr encaminar su nave al objetivo propuesto, a la vez que acumula y se vale de todo el conocimiento posible de otras circunstancias complejas como corrientes, accidentes geográficos, profundidades y sus variables aleatorias.

Tener la mayor información o conocimiento de los factores que enfrente y la *Adaptabilidad* necesaria para modificar el rumbo con decisión, sutileza y estrategia hacen tanto al buen piloto de tormentas como al líder, pues ambos logran su cometido sobreponiéndose e incluso usufructuando las energías que se le opongan para lograr el propósito concebido.

La comparación es aún más pertinente cuando, como en el caso del timonel deportivo se compite con adversarios, pues en ese caso también debe considerarse primordialmente el viento o el mar (el conflicto) y solo subsidiariamente los ocasionales competidores para los que el conflicto es también un oponente inevitable y azaroso.

El ejemplo utilizado nos ayuda a retrotraernos a la discriminación entre adversario y competidor, pues ya hemos puntualizado que el objetivo primordial de nuestra acción es el conflicto, cuya resolución pretendemos y así devendrá abstracto y superfluo el dilema de ganarle o ser vencido por la otra parte, pues esto último solo pasa a tener relevancia en caso de llegarse al enfrentamiento bélico o judicial por ser infructuoso todo intento de resolver el fondo del diferendo.

Hechas estas salvedades pasamos a explayarnos sobre la esencia del liderazgo, tema al que asignamos capital importancia pues constituye un ingrediente inescindible del manejo del proceso restaurador o transformador del diferendo o la disputa.

La primera disquisición al respecto consiste en reconocer la existencia de diferentes tipos y estilos de liderazgo.

Un organigrama institucional - por ejemplo - determina la vigencia de un Presidente, Director, Gerente, así como el carácter de Rey, Regente, Obispo, pater familiae, y llamamos a este tipo *líder instituido estable* pues su status es determinado y reconocido por un sistema preestablecido.

Dentro de esta categoría se pueden dar cualquiera de las tres modalidades descriptas por Max Weber, es decir el liderazgo Racional, el Autoritario y el imbuido de Carisma, siendo el primero el que corresponde al dirigente ungido, independientemente de sus cualidades, por su rol institucional, el segundo por la imposición compulsiva de su preeminencia y el tercero por la adhesión lograda merced a sus peculiares atributos personales.

El otro tipo es el que más de aproxima a nuestra casuística. La denominación que elegimos para esta tipología es *liderazgo espontáneo por objetivos* y se caracteriza por la carencia de autoridad instituida a priori y la informalidad de su emergencia.

Para una mejor aprehensión de esta personalidad tan gravitante hacemos algunas consideraciones previas sobre la función que desempeña el liderazgo en la interacción entre personas, grupos e instituciones en general.

Hurgando entre poco difundidos trabajos de psicología social nos llamó la atención una investigación realizada por Ferenc Merei con niños de "nurserie" cuyos resultados determinaban que era espontáneo y constante el surgimiento de un líder a poco de reunir a los mismos.

Esa constatación permitió concluir, corroborándola con experiencias ulteriores, que la emergencia de algún personaje con mayor influencia o preponderancia sobre el resto es una constante condición al constituirse y consolidarse algún tipo de grupo.

Pero lo más sorprendente del estudio mencionado fue la determinación paralela de un surgimiento casi inmediato de normas internas. Cada grupo, a iniciatiava de quien asumía el liderazgo establecía pautas que perduraban y eran respetadas seguidamente por todos.

Tanto era así que intentada la introducción de un niño con cualidades notorias de líder previamente comprobadas, en un grupo ya formado, el nuevo "líder" era rechazado si pretendía alterar las normas previamente consensuadas, y en cambio podía prevalecer si se adecuaba a las normas preestablecidas.

Esas jugosas conclusiones nos ayudan a reconocer la dinámica natural de la interacción grupal, pues la configuración y agregado de personajes en los procesos conflictivos configuran lo que se conoce como mapa sistémico el cual en definitiva tiene características propias de todo grupo social, en la medida que se genera una relación entre todos los participantes.

Tanto de las comprobaciones que anteceden como de innumerables situaciones que se suceden en el acontecer social, emergen asimetrías en cada grupo o relación, que configuran la preponderancia momentánea de algún personaje, que son efímeras, permanecen o se alternan con otra u otros.

Lo que importa en definitiva son los resultados de la situación, pues para comprobar la existencia de un líder es necesario que produzca efectos en los circunstanciales liderados, determinando de algún modo las decisiones, opiniones o conductas de estos.

A este tipo de situaciones nos referimos, al analizar las interacciones que se suceden en el origen y desarrollo tanto del proceso conflictivo como en el del contraproceso reversor o terapéutico.

Si alguien nos arrastra e involucra en una confrontación es él quien está liderando, quien nos está sometiendo.

En cuanto tomamos las riendas del contraproceso recuperamos la iniciativa y el liderazgo, volviendo solo entonces a gozar de autonomía y libertad.

Y cabe aquí, tomando en cuenta lo que confirmaran las experiencias antes mencionadas volver a formular ciertas advertencias preliminares que hacen a la efectividad para el manejo de procesos conflictivos.

*No es conveniente intentar modificar a las personas
ni las relaciones preexistentes, sino poner el foco en
cambiar, transformar o modificar el proceso.
Las maniobras de seducción o manipulación, además, son en definitiva contraproducentes y en cambio es
la empatía la llave que reduce resistencias e incrementa
la posibilidad de lograr cooperación.*

Los métodos o técnicas para adquirir este tipo de liderazgo han quitado el sueño a muchos y en especial a los
"candidatos" en la política, generando esas experiencias, ensayos y propuestas de toda índole, las que contribuyen a corroborar los entredichos.

Siendo público y notorio lo que ocurre en esa área, ·
tomar como ejemplo aquello que llevó a los más famosos políticos a obtener éxitos o sufrir rotundos fracasos
arroja conclusiones contundentes. Los hitos de la Historia, asimismo, sirven para completar esta descripción.

Desde los consejos de Lao-Tsé a los gobernantes
hasta la obra de Maquiavelo pasaron milenios, pero con
el advenimiento reciente de la democracia y los estudios
de opinión demostrativos de las veleidades del electora-
do, el tema adquirió nuevas variantes y sobrevino la necesidad de considerar temas y tipologías como los que
ahora analizamos.

Un reconocido y exitoso asesor en lides electorales,
Dick Morris publicó recientemente, en obvia alusión a
Maquiavelo su libro *El Nuevo Príncipe* (Ed. El Ateneo)
(13) en el cual desarrolla los sí y los no de las estrategias
para adquirir el liderazgo. También, corroborando las
conclusiones anteriores pone el foco en el interjuego que
se plantea entre los propósitos o ideales del pretenso lí-

der y aquello que los liderados aspiran o reconocen como reglas del juego, y atributos de su cultura (tradiciones, normas, consensos tácitos, etc.)

Las dificultades para introducir propuestas innovadoras complejas, que la mayoría no está capacitada para comprender, es otro de los desafíos que allí plantea. Evitar la introducción brusca de proposiciones que involucren cambios que no coincidan con las expectativas o receptividad momentáneas es la receta.

En cambio, tomar en cuenta las comprobaciones experimentales que antes mencionaremos, e introducir los ideales u objetivos de fondo, cuando son diferentes de la tónica actual del público, lenta y progresivamente evitará el rechazo inicial, y viabilizará la producción de cambios.

También ratifica la necesidad de continua adaptabilidad y flexibilidad, respetando a ultranza los tiempos y estados de ánimo imperantes en cada momento.

Ejemplos vívidos de estos últimos tiempos nos confirman ese último aspecto.

Ante amenazas como eventuales ataques nucleares o biológicos resulta utópico sostener el estilo de líder conciliador, no por ser inadecuado, sino porque el temor prevalente habrá de beneficiar al que se presente como más "duro" y más apto para la confrontación.

Lo resume Morris diciendo que "el liderazgo es una tensión dinámica entre dónde piensa el líder que debe ir su país y dónde quieren ir sus votantes" para lo cual se debe hacer un inventario de las formas alternativas de alcanzar el objetivo, un diálogo entre lo ideal y lo posible. Un buen consejo para nosotros.

Una última reflexión de ese autor, tomada en base a lo que diferentes presidentes elegidos en Estados Unidos mostraron, es que no existe un tipo uniforme de carisma, sino que la combinación entre atractivo y química es variable y diferentemente recreada por cada líder. En suma, parece concluir que se trata de una mezcla entre las cualidades previas y la adaptabilidad que demandan las variables que se presentan.

Todas estas consideraciones hacen al caso de nuestro estudio pues la dinámica del proceso reversor o ciertas negociaciones inevitablemente demandan el logro de cierto liderazgo, el cual generalmente no está instituido, por lo que debe ser adquirido agregando a los propios bagajes las más refinadas estrategias.

Parte de esas estrategias pueden incluso pasar por ceder espacio a otras propuestas o dar relevancia a algún miembro representante de los intereses contrapuestos, pues en el rol que imaginamos lo que importa no son las prevalencias aparentes sino el sinuoso camino hacia el objetivo propuesto, que resulta generalmente más efectivo cuando se lo transita en forma indirecta.

Algo así han caracterizado otros autores, parafraseando a De Bono para calificarlo como liderazgo lateral. (14)

En resumen, aún cuando el plan estratégico se cumple sin manifestaciones explícitas de prevalencia, el liderazgo igualmente existe y es el logro del resultado el que evidencia que ha sido eficaz y da razón a llamarlo liderazgo espontáneo por objetivos.

No está exento de tomar en cuenta cuanto aquí se analiza quien, ejerciendo un cargo gerencial o directivo deba mantener incólume su rol, para lo cual mantener vigente el reconocimiento de sus dirigidos es necesario para lograr un mejor desempeño grupal y manejar los conflictos emergentes con eficiencia.

En el caso de la Mediación cuando la sutileza es necesaria para lograr objetivos, hemos comprobado también que el liderazgo lateral es el que aporta los mejores resultados.

Así lo había advertido el famoso maestro de la negociación, creador de la escuela de Harvard University, Roger Fisher, enunciando su idea: "Como liderar cuando no se está a cargo", al subtitular el libro *Getting it done*. (15)

Un autor anónimo, pero no exento de sabiduría aconsejaba respecto de la relación con los hijos: " No ponerse delante para detenerlos ni detrás para empujarlos sino a su lado para acompañarlos..."

No es mala idea para otros casos ¿ verdad?

Estilo propio vs. menú "a la carta"

A medida que avanzamos en el campo de acción en el que se toman decisiones, adquiere mayor relevancia el aspecto estratégico, recaudo básico y previo para producir la inversión de la inercia propia del proceso que se encara y adoptar las acciones o actitudes que, luego de tomar en cuenta la diagnosis y prognosis del caso, aparezcan apropiadas al efecto.

Volviendo a la metáfora del timonel ello significa trazar el rumbo propio y no seguir el derrotero que nos propone el eventual contrincante, lo cual implica, como ya se señaló, tomar al conflicto y no a la o las personas como oponente y objetivo primordial.

Se debe tener en cuenta, por tal razón, la idiosincrasia propia del conflicto, pues serán diferentes las opciones a encarar en función de sus características, las de sus partícipes, así como las del estadio en que se encuentra el proceso, lo cual nos lleva a hacer una revisión de los diferentes estilos de conducción para disponer así de elementos de juicio suficientes para trazar la estrategia más apropiada.

Con el fin de determinar la mayor o menor efectividad de los distintos estilos de liderazgo, los expertos en el tema basaban hasta recientemente sus consejos en tratados teóricos, experiencias puntuales y deducciones más cercanas al instinto que a la verificación científica.

Recientemente, sin embargo una meticulosa y muy extendida encuesta publicada en la *Harvard Business Review*, ha innovado en el tema incorporando la vinculación entre los diferentes estilos de conducción con determinado tipo de inteligencia emocional, un concepto que impuso Daniel Goleman (16) y ha abierto nuevas perspectivas a este como a otros análisis del comportamiento. No olvidemos que el campo de la conflictividad está plagado de factores emocionales.

La pregunta que despertó el interés de la psicología y otras ciencias sociales era por qué personas con un coeficiente intelectual (CI) elevado, que lograron los mejores porcentajes en la prueba de aptitud académica (SAT) muchas veces tienen menos éxito en la vida, están subordinados o trabajan para otros cuyos coeficientes son notoriamenre más bajos

Howard Gardner fué quien, a partir de esas inquietudes, introdujo nuevos factores para la evaluación, los que llevaron a la conclusión que para las relaciones interpersonales el componente más importante de la inteligencia, concebida como capacidad de adaptación y conducción, era el emocional.

El meollo del tema paso a ser con ese y otros aportes, cómo se logra la mayor o menor efectividad, y en definitiva requiere comprobar los resultados obtenidos en cada
caso.

En la búsqueda de algún estilo de mayor eficacia se
arribó a la conclusión de que el mejor resultado no lo
obtenían quienes se aferraban a una única modalidad,
sino quienes utilizaban según las circunstancias, alternativa, indistinta y estratégicamente alguno de los estilos cuyas virtudes y defectos más salientes se mencionan
en el cuadro que sigue:

El paso trascendental hacia el análisis de los comportamientos que caracterizan a los líderes y sus efectos que

ESTILO	EFECTOS PRINCIPALES
	Inmediatos
Coercitivo	En Situaciones Críticas +
	En Situaciones de Cambio
Directivo	Organiza - Ordena
Armonizador	Calma - Reduce Tensión
Democrático	Genera Autoestima
Controlador	Genera Desconfianza
	Funciona entre Pares
Tutelar	Destiende Tensiones
(Coaching)	Conforma Equipos
Estratégico (Variable)	Depende del
	Estilo Inicial

inició Gardner y fue difundido por Daniel Goleman
(16), diríamos que fue humanizar los hasta ahora asép-
ticos atributos teóricos asignados por quienes trataban
el tema, incorporando la consideración al factor emocional no solo del contexto, sino entre los mismísimos
atributos del propio líder. Si bien coincidió con otros autores en la descripción
de alguno de los estilos que integran el cuadro, puso de
manifiesto cuán diferentes son los resultados que se logran dado el mayor o menor reconocimiento que se da a
los sentimientos involucrados en el escenario. En consecuencia las cualidades del líder para detectarlos y com-
patibilizarlos con su propio bagaje, a fin de conformar
un clima propicio y la necesaria empatía inciden definitivamente.

Mediatos - Incentivos	Evolución y Resultado
Coarta	Negativos
Clima muy Negativo	
Da Seguridad	Positivos - Riesgos
Requiere Colaboración	Resultado Variable
Fideliza	Positivo - Conforma Equipo
Crea Clima Positivo	Negativo - Conformismo, Laxitud
	Resultado Variable
Fomenta ideas	Positivo en Ocasiones
Riesgo Ante Crisis	Negativo en Ocasiones
Clima Positivo Intermitente	Resultado Irregular
Perjudica al Propio Líder	Positivo en pocas
Asegura contra Errores	Circunstancias
Clima Negativo	Se agota en el Tiempo
Crea Clima Ideal	Positivos
Estimula Aportes	Requiere Alternar con otros estilos
	No Funciona con Personas Estáticas
Tiene todas las Posibilidades	Positivos
Facilita Correcciones de Rumbo	

Llegó así a la conclusión de que el líder que logra más efectividad y resultados acorde con sus objetivos es el que denomina *líder resonante* y a su antípoda *líder disonante*.

Con independencia del estilo utilizado, el liderazgo resonante se basa en la capacidad de lograr que las directivas o propuestas tengan la necesaria consonancia y relación con los sentimientos, cualidades y expectativas del interlocutor o del grupo en su caso.

La receptividad así lograda y el clima que se genera favorecen la creatividad y predisposición a cooperar contribuyendo a consolidar la función de equipo.

Para el tratamiento de conflictos, pues, tener el "oído" para sintonizar los sentimientos y emociones que sazonan el enfrentamiento es condición básica para comprender su dinámica y es clave para su manejo y transformación.

Uno de los modos de lograr esa sintonía, a la que antes nos referíamos con el término empatía, surge de una colaboración de Richard Boyatzis y Anne Mckee (17), que completó la idea en la que trabajaba Goleman con algunas claves para el logro de la esperada resonancia en los demás.

El concepto de resonancia se refiere a la sintonía que logra quien tiene la capacidad de concordar en la misma longitud de onda emocional del otro.

¿Cómo se logra esa cualidad? Comenzando por tener una clara conciencia de uno mismo (self-awareness) y de los impactos en el ámbito emocional propio y de los otros que producen las acciones o personalidades que interaccionan. Esa posibilidad de empatizar es una componente de la inteligencia emocional de cada uno.

Al concientizar, sostienen, las propias fortalezas y debilidades, se logra incrementar la aptitud para identificar las ajenas y desarrollar relaciones de apoyo y confianza que generan empatía y posibilitan la transformación de un clima hostil o reactivo a otro de apertura y predisposición.

También es concordante tomar en cuenta los ya mencionados hallazgos de la psico – neuro – lingüística, que comprobara y definiera la existencia de tres clases diferentes de aptitudes y falencias para la comunicación en las personas.

Establecieron que predomina en cada uno ya sea lo visual, lo auditivo o lo sensorial. De allí que quien pertenece a la categoría visual se maneja con imágenes y tiene menor receptividad a las palabras, e inversamente al auditivo o al sensorial se les dificulta captar el mensaje de quien les dice "parece que no ves de qué estoy hablando". La respuesta suele ser "eres tu quién no escucha lo que te vengo repitiendo" o "no siento que te des cuenta de que es lo que pasa"

Es por eso que el poder reconocer la cualidad cognitiva del receptor es una llave que abre las compuertas del interlocutor y un aspecto que nunca debe quedar de lado para la interpretación del conflicto.

No es necesario tener capacitación especial al efecto, pues del uso de uno u otro de los verbos oír, ver o sentir en forma reiterada se desprenden las limitaciones respectivas, y pudiendo uno mismo así saber cómo hacerse entender mejor o el porqué de la dificultad surgida.

Nada más necesario para liderar –agregamos– que ser el director de nuestra propia orquesta, pues condice con los objetivos que venimos propugnando como tesis desde el comienzo.

Ya lo había sostenido Sun-Tzu, el antiguo maestro chino al decir:

"Si no te conoces a ti mismo serás derrotado"

"Si te conoces a ti mismo y no al adversario quizás puedas triunfar en el 50 % de los casos"

"Si te conoces a ti mismo y al adversario quizás puedas tener éxito en el 100 % de los casos"

A modo de resumen, dado que este tema suscita y suscitará interés y debates más allá del marco limitado al tema central de este libro, vemos que el liderazgo no es, tal como vulgarmente se lo concibe, solo el simple contexto de subordinación entre dirigentes y dirigidos, sino un juego permanente de intercambio de sutiles primacías, no siempre ostensibles, las cuales resultan en definitiva identificables por su resultado: lograr el cumplimiento de determinados objetivos, concitando voluntades al efecto.

Dentro de los diversos estilos aptos para conseguir ese resultado, el liderazgo resonante es la cualidad que más nos acerca a la pretendida eficiencia en el manejo de situaciones conflictivas.

Por el contrario, el líder disonante es el que, manipulando con engaños o seducción también puede lograr captar voluntades inicialmente, pero a la larga, casi inexorablemente, el uso de estos recursos culmina revirtiendo la inicial adhesión en odios, frustraciones y resentimientos.

La experiencia política lo viene mostrando reiteradamente y esas comparaciones no deben "echarse en saco roto" pues comprueban que la diferencia entre una y otra modalidad estriba en los resultados y consecuencias definitivos.

Empatía vs. manipulación

Una prevención de importancia para establecer la distinción precedente es el carácter sutil –las más de las veces– de acciones manipulativas que se manifiestan el ámbito interrelacional común y más aun en ciertas relaciones profesional-cliente.

En estas consideraciones entran las conductas seductoras, así como el abuso de prerrogativas originadas en prestigio doctoral o social.

El exponente extremo de esta situación es el conocido como " temor reverencial", que caracteriza al sometimiento o acatamiento de proposiciones de personas con autoridad o jerarquía reconocida.

La existencia de individuos ingenuos o lábiles, predispuestos por distintos condicionantes psicológicos hace que tal dependencia deba ser tomada en consideración pues, es manifiesto que existen personas que tienden a caer en las redes de psicópatas o seductores, facilitando sus propósitos, pero no creemos apropiado silenciar nuestra posición que promueve como más efectivo el logro de empatía y rechaza a todo abuso de posición dominante por ser contraproducente, si no en el corto casi seguramente en el largo plazo.

Así en relaciones inter e intra-empresarias y en la eficiencia misma de nuestro accionar, al margen de las connotaciones éticas, a las que no por soslayarlas le damos menos relevancia, las consecuencias en el correr del tiempo deben ser atendidas.

Poner en primer lugar la eficiencia es –como opinión personal– una forma de poner de manifiesto lo que ya hemos esbozado anteriormente como tesis de este libro: La diferencia entre comunidades o empresas que prosperan y otras que decrecen o desaparecen es la CON-FIANZA, y el imperio de la buena fe recíproca, como los demostrarán los trabajos de Fukuyama y Banfield (op. cit.) antes citados.

¿En qué medida las consideraciones formuladas respecto del funcionamiento de este tipo especial de asimetría relacional puede contribuir no solo teórica sino prácticamente a un incremento de la eficiencia en el manejo de los conflictos?

No cabe duda de que, en tanto se trata del manejo de procesos, el análisis y conocimiento de las técnicas, estilos y estrategias prestará singular utilidad.

Sin embargo es el incremento de la capacidad de detectar e identificar las oscilaciones del indicador de liderazgos en los contextos sistémicos que se conforman en la relación confrontativa la más trascendente de las prestaciones que el conocimiento de esta especial dinámica social nos puede dar.

Efectivamente, poder determinar el rol que cada personaje desempeña en el sistema es una ayuda sustancial para la diagnosis. Ese reconocimiento nos da la posibilidad de elegir hacia quién o hacia dónde encaminar las acciones estratégicas tendientes al logro del objetivo fijado.

Un precursor de la sociología, Jacobo Levi Moreno, (18) creó al efecto lo que llamó sociograma. Consistía en ubicar en un gráfico los personajes y trazar líneas que indicaran la dirección de las miradas o los diálogos entre miembros de un grupo en actividad , poniendo en evidencia así el o los personajes que acaparaban tales miradas o mensajes para determinar el área de sus liderazgos.

A poco que se preste atención a esa posibilidad de detección se obtiene una habilidad sumamente útil para hacerse la composición de lugar de la relevancia de cada uno de los personajes que se desempeñan en las situaciones bajo análisis.

Volviendo a la cita del prólogo, en que Peter Drucker consideraba el management como un arte, más que una disciplina, estimamos que las pautas que anteceden pueden servir, como lo hacen las técnicas al pintor o al excelso instrumentista, para aproximarse todo lo posible a la excelencia.

La vida nos enfrenta a desafíos impredecibles, y la vida de relación a los más complejos laberintos, por lo que cabe advertir que ninguna receta es igualmente válida para todas las circunstancias.

La flexibilidad y adaptabilidad aparecen entonces como las virtudes más preciadas y los distintos estilos de liderazgo habrán de considerarse entonces como instrumentos, aptos cada cual según la circunstancia concreta.

Si alguna vez se obtuvo éxito con un estilo, reiterarlo no necesariamente será fructífero, y ni siquiera en casos determinados será suficiente utilizar sólo uno, dado que, incluso el estilo menos aconsejable puede contribuir a cambios de contexto que permitan pasar a otra etapa en que la resonancia se logra y deriva en una solución definitiva.

Insistimos en recalcar que el logro de los objetivos debe ponerse en primer lugar, y el modo de lograrlo es secundario, sin perjuicio de mantener la predisposición cooperativa como premisa, y las variantes como capacidad de adaptación a desafíos atípicos.

No coincidimos por eso con quienes, aunque encomiablemente, propugnan como receta única y mágica la opción cooperativa u otra para el liderazgo o la negociación, pues es ingenuo mantener a ultranza esa actitud cuando se plantean situaciones de extrema intolerancia o ejercicios abusivos de poder, dado que en esos casos se demandarán estrategias y acciones previas diferentes para, solo así, neutralizados que fueren los riesgos, poder acceder luego a una situación en la que los consensos sean posibles.

En suma, los estilos que incentivan la cooperación funcionan en la mayoría de las ocasiones, pero cuando la candidez choca con personajes recalcitrantemente adversariales puede engendrar una desventaja que amerita cambios estratégicos idóneos para el caso específico.

La búsqueda y el logro de empatía, en cambio, es una opción siempre positiva pues más allá de no llegar a cumplir siempre con los objetivos propuestos consigue crear un clima más propicio, que desarticula los impulsos agresivos y modifica el tono de ambientes donde reina la hostilidad.

III. COMUNICACIÓN Y NEGOCIACIÓN.

COMPONENTES BÁSICOS DEL PROCESO REVERSOR

El conflicto en sí es un mensaje que requiere ser interpretado. Nos puede estar indicando la necesidad de readecuación, de advertir si eventualmente –consciente o inconscientemente- hemos contribuido a su nacimiento, qué malos entendidos se produjeron, o cuál de las causas típicas o atípicas encendió el fuego.

Hechos de la naturaleza, terremotos o huracanes por caso, o actos del Estado como devaluaciones bruscas, totalmente ajenos a la voluntad de las partes, pueden ser en otros casos el origen de la controversia pero a la vez imponen también reevaluar los intereses en juego, para solucionar los diferendos suscitados.

En la interacción personal, el conflicto en la mayoría de las ocasiones se relaciona con déficit o falencia de comunicación adecuada entre las partes, con las consabidas consecuencias de su "crescendo" a disputa o confrontación.

Establecer o restaurar una comunicación efectiva será, por lo tanto, imprescindible y el modo de lograrlo pasa a ser la cuestión.

Allí puede surgir la necesidad de recurrir a terceros y a métodos apropiados al efecto, tópicos a los cuales nos referiremos luego.

Acerca de la comunicación en sí es mucho lo que ha sido elaborado, al punto de que ya se la considera una verdadera ciencia, mas dentro del esquema de este ensayo, centraremos nuestra atención en las dificultades o cortocircuitos comunicacionales que contribuyen ya a la escalada del proceso o bien a darle origen, y consecuentemente a los modos de superarlos.

Todo intento, propio o asistido por terceros, para lograr tal superación comenzará por intentar la mejoría, restauración o creación de un ámbito comunicacional apropiado.

El intercambio personal, cara a cara, la sana confrontación con la situación, y las emociones en juego es en esencia el objetivo de máxima, por cuanto cualquier sucedáneo carecerá de las multifacéticas virtudes del trato interpersonal, habida cuenta que enjundiosos estudios y experiencias han demostrado que la comunicación verbal o la palabra, si bien tienen un enorme poder, configuran solo una parte del efecto en el interlocutor.

Es bien sabido que quienes son partícipes de una confrontación personal son inducidos en mucha mayor medida por otras señales como los tonos de voz, la mirada y gestos corporales para decodificar si el mensaje es sincero, unívoco, contradictorio, complementario, timorato o simplemente falaz.

La ausencia de comunicación personal o su interrupción es por tanto un factor de gravitación para el análisis del cuadro sistémico, y lo son asimismo otros obstáculos o dificultades para lograr la comunicación más efectiva.

El verdadero Talón de Aquiles en ese aspecto es la escucha.

Rara vez encontramos una atenta y silenciosa escucha en el curso de una disputa, y es precisamente tal omisión lo que impide reconocer los verdaderos intereses que subyacen en el reclamo del otro.

La clave para mejorar la comunicación pasa inexorablemente por permitirse oír el mensaje y ver los gestos o tonos que lo complementan.

Es infalible el resultado que se logra con la humilde atención al mensaje, sin réplicas e incluso con silencios reflexivos y gestos demostrativos de atención o expresiones esporádicas del tipo, "Aha", comprendo, etc. Nada estimula más a explayarse que el silencio de los oyentes.

La consecuencia de permitir al otro que se explaye con libertad, es que éste abre sus barreras con más facilidad.

El liderazgo entonces nuevamente se da a través del pasivo, y es aconsejable para el caso de un tercero neutral, pues como escucha atento y sin emitir juicios, se convierte en modelo que poco a poco logra instaurar el clima propicio para que una buena comunicación se restablezca.

El desiderátum máximo al efecto insistimos, es el que se logra frente a frente, hablando alternadamente, en primera persona con preferencia, y expresando sentimientos si es el caso, pues, es así como se logra la comprensión de los respectivos factores e intereses en juego.

Dado que ese comportamiento tampoco es muy común en la vida cotidiana, principalmente por malformaciones culturales, esa falencia induce a procurar la identificación de los factores que desvirtúan la comunicación, análogos a lo que en la comunicación radial serían los "ruidos" que distorsionan el mensaje.

Tales distorsiones se producen, por ejemplo, cuando, en lugar de confrontar con una situación determinada se recurre a circunloquios, juicios de valor (descalificaciones, agravios), y por sobretodo a las señales de ignorar a las personas o a sus dichos, actitud cuya gravitación es trascendente.

Los efectos psicológicos y la etiología de muchas disfunciones conductuales apuntan hacia los efectos nocivos de la falta de reconocimiento o atención al otro.

Ese tipo de actitudes de ignorar o descalificar a alguien, desarrollan en la persona afectada reacciones de agresión, violencia, destrucción o formas más sutiles para obtener el reconocimiento que se les ha retaceado, o se les niega en cualquier tiempo.

Es a raíz de esos vicios que se obtienen resultados impactantes mediante la escucha o atención inequívoca, advirtiendo que, en general, los gestos y actitudes violentos expresan más de una vez un llamado angustioso pidiendo reconocimiento o un pedido de ayuda. El que es ignorado o considerado inexistente reaccionará diciendo ¡Aquí estoy! Como pueda.

Advertir la existencia frecuente entre otras deficiencias comunicacionales, es una herramienta más para desanudar la madeja, y así fue comprendido entre quienes participan del Proyecto de Negociación de la Universidad de Harvard (USA), dando lugar al trabajo de Stone, Patton y Heen publicado bajo el sugestivo título *Difficult Conversations*. (19) Describen allí los autores típicas escenas cotidianas en el lugar de trabajo o en el ámbito doméstico, y a través de las mismas han puesto el foco en las frecuentes fallas a que hicimos mención, sus efectos para la generación y escalada de conflictos y señalar la mejora que se puede lograr a través de una dilución de las resistencias a enfrentarse con el interlocutor, arraigadas bajo las falsas creencias sobre el significado del conflicto que incitan a evitar la confrontación, lo que ocurre habitualmente por rémoras culturales, miedo a herir al otro o a dañar la relación.

La falacia de esas creencias tiene íntima relación con la "aversión al conflicto" sobre cuyos perniciosos efectos, paradójicamente incentivos de toda clase de rupturas, querellas y disputas, intentamos alertar a través de estas páginas.

Las diversas acepciones de las palabras se pasan muchas veces por alto, mas no debe ser nuestro caso pues se trata de una fuente de malos entendidos, más frecuentes y notorios cuando se da la diferencia de idiomas natales. Cada lenguaje contiene un profuso imaginario propio. Esto es tan significativo que – quienes han intentado traducir términos característicos de un idioma a otro se han encontrado como nosotros en estas páginas, con casos en que ciertos términos no encuentran *correlato* en el otro idioma.

La noción del tiempo, para los pueblos primitivos circular, para otros pendular y lineal en nuestro caso es un ejemplo, con connotaciones muy diversas.

Se conocen referencias de jueces en Australia que se ven en figurillas para interrogar a testigos aborígenes quienes no tienen palabras como izquierda o derecha ni el concepto que ligue causa con efecto. En Estados Unidos los aborígenes algonquin carecen de una palabra que signifique " tiempo"...

Un proverbio checo lo resume al decir algo así como "hablar otro lenguaje es como vivir otra vida", y proviene de un país que fue sometido a múltiples invasiones culturales, por lo que transmite una experiencia cuyo valor didáctico no puede menospreciarse. Más aún cuando quien lo cita es un lingüista, C. J. Moore, autor de una guía de las más exóticas e intrigantes palabras que diferentes lenguajes contienen. Concluye ese autor diciendo que la fascinación de aprender otra lengua es introducirse en otra cultura, pues una cultura es, " donde termina el diccionario y el lingüista encuentra el significado real".

¿Será acaso necesario convertirse en experto en lingüística para nuestros propósitos? No necesariamente, pues el objetivo de esta cita es sacar a la luz la dificultad que existe y que –casi siempre– debemos enfrentar. Comprender que detrás de las palabras existe un complejo mundo interior impregnado de experiencias de vida, deseos reprimidos, fantasías e infinitas otras personalísimas condicionantes es la receta.

A modo de conclusión, la propuesta es abstenerse de tomar literalmente los dichos del otro y al efecto recordamos una anécdota que se refería a la diferencia entre una dama y un diplomático.

Decíase que cuando un diplomático dice "Si" debe interpretarse que "Puede ser", cuando dice esto último significa que no puede ser, y cuando dice " No" definitivamente no es diplomático.

Si una dama en cambio dice "No" es que puede ser, y si dice "Puede ser"... será, pero si dice "Si" entonces no es una auténtica dama.

El primer intento, entonces consistirá en promover el establecimiento o reestablecimiento de una comunicación adecuada, relativizando los intercambios telegráficos, amenazas e indirectas que enturbian el clima como primer paso.

La NEGOCIACION es el tipo de comunicación que se entabla entre quienes tienen intereses contrapuestos, y nos interesa particularmente por ser el medio a través del cual se pone en marcha la posibilidad de cambiar la tónica del proceso conflictual.

Si bien negociar ha sido una práctica de cada individuo desde su más tierna infancia, y consiguientemente es parte de muchas interacciones cotidianas - desde las más banales o las más dramáticas- en virtud de su gravitación en la actividad empresaria, política e institucional, ha tomado vuelo propio como "técnica", siendo materia de extensos estudios y divulgación en los más diversos ámbitos.

Gerald Nierenberg, un querido y admirado maestro, quien publicó el primero de sus numerosos libros, *El arte de la negociación* (20) a poco de comenzada la segunda mitad del siglo anterior, fue uno de los que precedió como pionero el posterior desarrollo y divulgación que tuvo el tema que hoy está presente en los programas de toda escuela Universitaria de Derecho, Política o Economía.

Negociación cooperativa vs. negociación competitiva

Todo lo que precede y cuanto sigue a estos párrafos es pertinente y valedero para una más concienzuda y eficaz negociación.

Por supuesto que una conducta cotidiana y tempranamente aprendida como es la negociadora, adquiere diferentes características y estilos en función de la personalidad respectiva.

Ya nos explayamos acerca de diferentes estilos al tratar el liderazgo siendo aplicables aquellas consideraciones por la íntima relación de ambos temas.

Agregaremos sin embargo, y ya específicamente respecto de la interacción negocial, que en función de sus objetivos se suele establecer una dicotomía entre quienes pretenden ganar a costa de su eventual oponente, y la otra alternativa, que se dio en llamar y ya es popularmente conocida como ganar-ganar (win-win).

Esta tipología es el desideratum, muchas veces posible, en la medida en que la atención se centra con preferencia en la naturaleza del conflicto y los intereses de las partes, poniendo a un lado los resquemores o desconfianzas recíprocas y posiciones adoptadas en consecuencia para abrir posibilidades inexploradas, que afloran cuando se separa la paja del trigo, tal como lo propugnamos, y se da rienda suelta a la creatividad.

Una y otra vez en la cátedra hemos utilizado la matemática para simbolizar la pertinencia de la actitud colaborativa en toda negociación, que es conocida, como decíamos, por el eslogan ganar-ganar, como opuesto a la alternativa adversa en que el triunfo de uno implica la derrota del otro.

Una negociación sólo es exitosa si permite a ambas partes un grado mayor o menor de satisfacción, y no lo es cuando la sensación de abuso de poder o ventajas ocasionales deje al perdidoso con resentimiento, constituyendo esto último el germen de un nuevo conflicto en potencia.

La ciencia exacta lo confirma expresándolo inequívocamente así:

$$+ \times + = + \quad \text{(ambos ganan)}$$
$$+ \times - = - \quad \text{(ambos pierden)}$$
$$- \times - = + \quad \text{(todos ganan)}$$

Esta analogía la utilizamos por entender que múltiples comprobaciones de hipótesis de la ciencia se fundan en expresiones matemáticas, aún cuando – como es el caso de la física cuántica y la astronomía- muchas veces los instrumentos de medición no alcanzan a verificar lo que las conclusiones matemáticas muestran indubitablemente.

Así, siguiendo el camino sugerido en la primera parte, interpretamos que las ecuaciones antes mencionadas son harto elocuentes y se sobreponen a cualquier cuestionamiento, aún cuando nuestra conclusión merece una aclaratoria:

El decir todos ganan o todos pierden no se limita al reducido contexto de las partes involucradas sino que comprendería a todo el grupo de pertenencia de los mismos, pues representa también las ventajas que obtiene ese grupo, familia, negocio, pueblo con la recuperación de la paz y armonía entre sus miembros.

Las comprobaciones de Fukuyama y Banfield, ya citadas en páginas anteriores, así como el irrefutable ejemplo de la transformación de Europa son argumentos contundentes en igual sentido, lo cual se corrobora con conclusiones de los biólogos quienes verificaron que las especies de mayor expansión en el planeta y más antigua supervivencia son las que se denominan "eusociales" por sus características de comportamiento comunitario, cooperativo e interdependiente.

En sentido inverso también se verifica que con frecuencia el que gana a costa del otro suele terminar en el tiempo perjudicado, como ya lo expresaba en la antigüedad la expresión "victoria a lo Pirro".

Introducimos así otro tema de suma trascendencia, pues por menos conscientes que sean las partes del hecho que las consecuencias de sus actos tienen relevancia para el todo, la realidad de la INTERDEPENDENCIA es imposible de soslayar, aún cuando no se manifieste ostensiblemente.

Al comprobar la coincidencia desde los distintos ángulos acerca de las ventajas de la predisposición cooperativa, no hacemos otra cosa que ratificar la insoslayable necesidad de revertir la tendencia al individualismo extremo que predomina, con consecuencias y perspectivas funestas por negar aquello que la Naturaleza misma y sus ecosistemas irremisiblemente interrelacionados nos hace confrontar.

¿No es acaso obvio que la sumatoria de actos depredatorios de hábitat y habitantes que ya sea cometemos o siquiera consentimos, culmina retribuyéndonos con más desastres naturales, más violencia irracional, cataclismos y hasta genocidios?

No será fácil revertir la tendencia, porque la negación tozuda de esa obvia realidad se arraiga en la generalizada fantasía nunca mejor expresada que por aquella irónica respuesta de un supuesto terrateniente al riesgo más temido en la época de la guerra fría que decía así: "...A mí no me preocupa el comunismo porque si viene me voy a la estancia..."

Retornando entonces del mundo deseable al contexto del vigente, hallamos que en las antípodas de la modalidad negocial antes descripta se encuentran quienes pretenden a ultranza obtener ventajas a costa de la otra parte.

Son los *Adversariales Competitivos* caracterizados en el libro *Secrets of Power Negotiating* brevemente así:

Estos individuos se mueven psicológicamente *contra* sus oponentes, mientras tratan de maximizar las ganancias o logros obtenidos para ellos.

Buscan resultados extremos, comienzan con ofertas poco realistas y adoptan posturas poco sinceras. Su comportamiento es adversarial e hipócrita y se sienten más confortables en ambientes abiertamente competitivos. Se focalizan principalmente en sus propias posiciones y a menudo utilizan la amenaza.

Los Adversariales Competitivos suelen engancharse en falsos juegos, esconden la información que pueda resultarles desfavorable y tratan de manipular a sus oponentes para lograr ofertas que maximicen sus ganancias. Pueden llegar hasta ignorar formulaciones alternativas que puedan beneficiar a sus oponentes si estas no representan una ventaja considerable para ellos.

Las tipologías antes descriptas son los extremos de una gama mucho más amplia que en esencia se inclina en uno u otro sentido, y sería interminable y superfluo describir cada una, por lo que creemos que resultaría mas esclarecedor analizar cómo funciona en la práctica de la negociación, la combinación de/y entre diferentes estilos, pues es esa la situación fáctica con que más frecuentemente nos encontramos en la práctica diaria.

Negociación teórica vs. realidad negocial. Cómo interaccionan estilos diferentes

En ese aspecto notamos que, casi tanto como han proliferado las versiones teóricas sobre la negociación es dable notar la escasez de trabajos que enfoquen las más características situaciones con que se enfrentan abogados, mediadores, hombres de negocios o funcionarios, cuando lidian entre ellos, entre sus instituciones, y dentro de las mismas.

Allí se confrontan tanto quienes adoptan recíprocamente una actitud en alguna medida cooperativa, como quienes lo hacen con los tozudos cultores de la competitividad, imbuidos cada uno de su creencia en la efectividad de su respectiva modalidad.

Pero ¿se ha comprobado empíricamente la efectividad de cada estilo?

¿Es válido generalizar cuando se ha logrado algún éxito aislado?

A principios de los ochenta, el profesor Gerald Williams condujo un estudio con abogados en Phoenix y Denver (EE.UU.) para determinar el comportamiento de sus colegas.

Le pidió a los participantes de dicho estudio, que le indicaran qué porcentaje de individuos con los que iban interactuando eran del tipo Cooperativo y qué porcentaje eran Adversariales Competitivos.

Concluyó dicho estudio en que los participantes catalogaron al 65% de sus colegas como del tipo Cooperativo, al 24 % como Adversariales Competitivos y al 11 % como inclasificables.

Usualmente –sostuvo– le hacemos a los abogados que acuden a nuestros cursos sobre negociación la misma pregunta y casi en forma uniforme sugieren que es 50 y 50, y se sorprenden cuando conocen los descubrimientos empíricos del Profesor Willliams.

¿Por qué se da esta discrepancia?

Cuando interactuamos con otros, tendemos a recordar más las experiencias negativas. Si interactuamos con 20 personas hoy, 15 de las cuales son agradables y cooperativas, y 5 agresivas y rudas, vamos a recordar con preferencia las experiencias desagradables y por lo tanto vamos a sobrestimar el numero de Adversariales Competitivos, que hemos encontrado. Pero si hiciéramos una lista pormenorizada de las personas con las que interactuamos durante un determinado lapso, como en el estudio citado, reconoceríamos que la mayoría son esencialmente Cooperativos.

Sin embargo, dado que la mayoría de los conflictos que derivan en disputas u ofrecen dificultades a los intentos de hallar soluciones tienen como protagonistas individuos reacios a cooperar , seguiremos indagando sobre las formas más idóneas para el logro de los objetivos, incluso en tales circunstancias.

La efectividad de los estilos de negociación

Muchos creen que los negociadores exitosos son las personas que abiertamente manifiestan su pretensión de obtener mejores resultados para sí mismos que para sus oponentes y más de una vez hemos oído opinar que los comportamientos rudos usados estratégicamente por estos negociadores logran intimidar a sus oponentes más débiles.

Sin embargo, dado que *el modo en que se desarrollará y desencadenará una negociación depende fundamentalmente de cómo nos introducimos en ella, debemos constatar cuál es la forma mas adecuada de hacerlo.*

¿Cómo reaccionaría alguien si un adversario viniera a su oficina y le diera a entender que lo va a dejar sin nada? Seguramente asumirá que si alguien va a perder, lo más posible es que sea él mismo, si no encuentra medios para evitar la explotación por parte de su adversario manipulador.

Es sorprendente lo rápido que la gente, aún la más propensa a cooperar, cambia su conducta para evitar la explotación. Cuando esta hipótesis fue presentada en nuestros cursos de negociación, las repuestas fueron casi unánimes. La mayoría sostuvo que responderían en forma restrictiva y adversa (decía Sun Tzu que jamás debía acorralarse al enemigo. *El arte de la guerra*) (24).

Por ejemplo, se dijo, que no mostrarían información critica, para que sus oponentes no pudieran sacar ventaja alguna. También respondieron que emplearían otras tácticas para neutralizar el comportamiento competitivo de sus adversarios, darían por terminada la negociación o comenzarían con una posición poco generosa y abierta, buscando los mejores términos para ellos.

Pero ¿que pasaría en cambio si un adversario visitara su oficina y amablemente mostrara interés en lograr un acuerdo mutuo que satisficiera los intereses implícitos de ambas partes? Seguramente respondería de una manera igualmente amable, abierta y cooperativa, y estaría dispuesto a maximizar los resultados mutuos.

Los estudiantes lo hicieron en las prácticas, y empezaron a apreciar cuan fácil y satisfactorio es obtener resultados beneficiosos cuando los negociadores cooperan entre sí para alcanzar en definitiva sus metas, verificándose así la nítida sensación placentera que producía el logro de consenso tal como fuera verificado en el estudio citado en páginas anteriores.

También reconocieron que a quienes se manifiesten como Adversariales Competitivos les será mucho más difícil alcanzar sus propios objetivos.

El profesor Williams les pidió también a los participantes de su estudio que clasificaran a sus oponentes como, "eficientes", "regulares" o "ineficientes"y los participantes clasificaron al 59 % de los Cooperativos y al 25 % de los Adversariales Competitivos, como eficientes. Consideraron a continuación como ineficientes al 3% de los Cooperativos y al 33 % de los Adversariales Competitivos.

Hacia finales de los años noventa, Andrea Kupfer Schneider, intentó corroborar el estudio del Profesor Williams, realizado dos décadas antes, utilizando en su encuesta abogados de Milwaukee y Chicago.

Sus descubrimientos reflejaron algunos cambios de actitud ocurridos en ese lapso en la sociedad, y la profesión legal en particular. Las personas aparecían menos amables unas con otras en esos días en comparación a lo que eran dos décadas atrás.

La Profesora Schneider, observó que los negociadores competitivos descriptos por Williams en 1980 no aparecían tan desagradables y negativos como lo eran sus contemporáneos.

Por otra parte, partía del supuesto que iba encontrar que los Adversariales Competitivos en su estudio fueran menos efectivos que aquellos del estudio de Willliams y efectivamente eso fue lo que la profesora Schneider comprobó. Encontró que solo el 9 % de los Adversariales Competitivos contemporáneos era considerado efectivo, comparados con el 25 % del estudio de Willliams.

Había solo una mínima declinación en la consideración de la efectividad de los Cooperativos. Los participantes del estudio de Schneider encontraron al 54 % de ellos como negociadores efectivos, comparados con el 59 % del estudio de Williams.

Los descubrimientos con respecto a los negociadores considerados como ineficientes fueron aún más contundentes. Mientras no había casi cambios en los porcentajes de los Cooperativos considerados como ineficientes (solo el 3 % para los participantes del estudio de Williams y el 3,5% para lo del estudio de Schneider), esta última verificó un profundo cambio con respecto a los porcentajes de ineficiencia de los Adversariales Competitivos. En el estudio de Williams, los participantes consideraron al 33 % de los negociadores competitivos como ineficientes, mientras que los participantes del estudio de Schneider, hablaron de un 53 %.

El aumento de ineptitud percibido es casi siempre atribuido a los malos modos y al desagradable comportamiento de los negociadores adversariales. El ser más irritables, arrogantes y obstinados, provoca en sus oponentes, sentimientos negativos y rechazos que los convierten en negociadores menos eficientes.

La noción de que uno debe ser poco cooperativo, egoísta, manipulador e incluso poco cortés para ser exitoso es a todas luces errónea.

Para lograr resultados beneficiosos en las negociaciones, a cualquier negociador le resulta suficiente con poseer la cualidad necesaria para poder decir "no" con convicción y credibilidad, para lograr que sus oponentes mejoren su oferta, a fin de lograr un acuerdo. Este objetivo puede lograrse de manera cortés y distendida, adquiriendo así mayor efectividad que utilizando un comportamiento más tajante y agresivo.

Otros estudios sobre negociación entre abogados han destacado tres diferencias significativas con respecto a los resultados obtenidos por los diferentes estilos de negociadores.

La primera: si un acuerdo extremadamente despro-
porcionado e injusto es alcanzado, la parte prevaleciente corresponde casi siempre a un negociador del tipo
competitivo, ya que los negociadores cooperativos, al
ser más justos y equitativos, generalmente no utilizan ni
abusan de la oportunidad de sacar ventaja sobre oponentes que puedan ser ineptos o débiles.

La segunda: los competitivos generan más desacuerdos (non-settlements), que los negociadores cooperativos. Su posición extrema y el frecuente uso de tácticas
manipuladoras como la agresión o las amenazas, hace
que sus oponentes se inclinen más fácilmente a optar
por las consecuencias asociadas con los desacuerdos,
como ser litigios u otras.

La tercera; los negociadores cooperativos tienden a
lograr resultados combinados más efectivos que sus colegas de estilo competitivo. Por ejemplo, tienden a maximizar los beneficios para las dos partes y al estar dispuestos
a trabajar cooperativamente, comparten la información y
logran ver los problemas desde diferentes ángulos.

Es por ello que obtienen ganancias conjuntas mas
altas que los que están interesados en obtener lo máximo para sí mismos.

Mientras estas personas actúan simultáneamente
para satisfacer sus intereses, la atención hacia los intereses de sus oponentes aumenta las posibilidades de un
acuerdo en términos mutuamente eficientes.

Una combinación eficaz

Como no es habitual en los escenarios de negociación lidiar con negociadores que se muestren ostensiblemente

adversariales competitivos o cooperativos, sino que son a veces indefinibles, es necesario investigar más a fondo en qué medida y con qué comportamientos se lograban resultados más favorables.

El profesor Williams se encontró con que existen ciertas cualidades que comparten aquellos negociadores que logran mejores resultados.

Determinó que los negociadores exitosos están siempre muy bien preparados, son lectores perceptivos de los otros y son también analíticos, realistas y convincentes. Todos ellos se esfuerzan por maximizar las ganancias de sus clientes, independientemente del estilo preferido.

¿Contradice esta conclusión los anteriores estudios? Veamos:

El estudio de la profesora Schneider corroboró y aclaró el tema concluyendo que el maximizar las ganancias de sus clientes no es característica exclusiva de los negociadores competitivos, pues no deja de ser también el propósito de los cooperativos.

El hecho de que esto sea común a los dos grupos sugiere que algunos negociadores identificados como cooperativos, pueden ser en realidad lobos en piel de cordero, pues si bien adoptan un estilo cooperativo en realidad buscan objetivos competitivos.

Se concluye finalmente que los negociadores mas exitosos en general son aquellos capaces de combinar los rasgos salientes asociados con los negociadores cooperativos y competitivos. Buscan alcanzar sus objetivos de una manera o bien sincera o solo en apariencia cooperativa.

Los negociadores menos productivos entonces, serían los rígidos adversariales que sólo ven en los encuentros de negociación, como única posibilidad, que su parte gane y la otra pierda, poniendo más énfasis en la derrota de su oponente que en la solución de la controversia.

Los negociadores eficientes saben que las partes valoran diferencialmente varios términos y es por eso, que mientras intentan pedir más de los elementos a dividir deseados por ambas partes, buscan también valores compartidos que lleven a acuerdos potenciales. Buscan lo que Ronald Shapiro y Mark Jankowski caracterizaron como resultados "win-win", es decir, óptimos acuerdos para sí mismos, facilitando sin embargo a los oponentes los mejores términos posibles.

Le dan mucho valor a su credibilidad y saben que perderla puede afectar en el futuro su aptitud para lograr resultados beneficiosos para sus clientes.

Sin credibilidad es extremadamente difícil inducir a los adversarios a revelar los verdaderos intereses implícitos para lograr que las partes maximicen las ganancias para ambas.

Más allá del hecho de que los negociadores efectivos generalmente esperan obtener tanto como puedan para su beneficio, no son negociadores "win-loose". Reconocen que no necesariamente se benefician al imponer peores términos a sus adversarios, por lo que aún cuando se mantengan todas las demás pretensiones iguales, esperan incrementar la satisfacción del oponente, mientras no tengan que realizar grandes concesiones.

Cuando finalizan la negociación no juzgan su éxito en comparación de lo que sus oponentes hayan perdido, y se preguntan, por el contrario, si están a gusto con lo que han obtenido, deduciendo que, si ambos han logrado sus objetivos han tenido éxito y, lo que es más importante, preservado la relación o dando lugar a una buena relación futura.

No todos los negociadores expertos buscan agrandar las ganancias de sus oponentes sólo por razones altruisticas o por convicción. Lo hacen porque reconocen que este acercamiento los habilita a avanzar estratégicamente a favor de los intereses de sus clientes o los suyos propios.

Tienen que ofrecer a sus adversarios términos suficientemente generosos para inducirlos a lograr acuerdos.

También reconocen la importancia que tiene estar seguros de que sus adversarios honrarán sus acuerdos, ya que quienes experimentan remordimientos post acuerdo, suelen echarse atrás o generar nuevas disputas a posteriori.

En suma, sin algún grado de satisfacción mutua la reversión del proceso conflictivo no se concreta, sino que se mantiene latente la animadversión y el germen de nuevas disputas.

Finalmente, saben que es muy posible que vuelvan a encontrarse con los mismos oponentes en el futuro, y en ese caso, si sus oponentes los recuerdan como negociadores corteses y profesionales, sus futuras interacciones serán muy probablemente exitosas.

La gente tiende a reconocer las necesidades de los oponentes con los cuales tienen o tuvieron buen entendimiento, aceptando así darles, en la medida de su posibilidades, un grado mayor de satisfacción. Así fue reiteradamente comprobado en nuestra práctica, con resultados de singular trascendencia.

Todo lo contrario ocurre cuando alguien percibe a los negociadores adversariales-competitivos pues entonces se escuda en la desconfianza y reacciona con las mismas actitudes de sus oponentes, cuando no con un rechazo total.

Los negociadores que se muestran afables y cooperativos, al ser más agradables para interactuar, encuentran mucho más fácil reducir las resistencias o temores de su contraparte, induciéndolos a dejar de lado las personas y focalizarse en el conflicto en sí.

Asumen finalmente que obtendrán mejor resultado actuando como *negociadores eclécticos*. Estos negociadores tienen como objetivo optimizar resultados, pero intentan conseguir sus metas a través de estrategias *soluciona-problemas*.

Así puede parcialmente explicarse por qué el Profesor Willliams y la profesora Schneider, encontraron una mayor proporción de cooperativos arregla-problemas.

Es factible que muchos negociadores competitivos hayan sido tan exitosos utilizando las tácticas "soluciona-problemas" que hubieren adoptado esa táctica más que por ser su inclinación personal por reconocer la mayor efectividad de esa estrategia, y así sus oponentes fueron inducidos para caracterizarlos como cooperativos más que como competitivos.

Conclusiones

De lo anterior se concluye que las diferencias entre estilos en la realidad son menos nítidas, y más sutiles. Mientras la mayoría de los textos y sus autores polarizan los estilos, clasificando a los negociadores como competitivos o cooperativos, los negociadores más efectivos, en la experiencia cotidiana, suelen ser aquellos que utilizan un híbrido estilo competitivo arregla-problemas. Este estilo incorpora los rasgos más eficientes de ambas clasificaciones.

Los negociadores que emplean esta variedad tienen más posibilidades de maximizar las ganancias de sus adversarios, en tanto ello les permita lograr sus propios objetivos.

En muchos de esos casos han terminado por reconocer que el objetivo es común: Resolver el conflicto.

Estos negociadores tiene una actitud cooperativa, se comportan profesionalmente y saben que a través de la empatía generan en sus oponentes humores positivos que incrementan las posibilidades de un comportamiento cooperativo y ganancias conjuntas.

Volvemos a encontrar aquí los efectos positivos de la "resonancia" y la flexibilidad a que nos referíamos al tratar el liderazgo y ratificar la íntima conexión entre ambos temas, pues lidera quien logra hacer prevalecer el "tono" o el "clima" en que se desarrollará el proceso de solución del diferendo.

Presentándose con actitudes pro cooperación y empáticas se logrará direccionar en ese sentido el proceso, o en el caso de manejo empresario, optimizar el funcionamiento de equipo en la organización. A la inversa, con la cruda competitividad o autoritarismo también se puede lograr un liderazgo, pero en cambio no se conseguirá solucionar conflictos ni aún cuando se logre imponer un resultado, pues en tal caso este siempre será momentáneo e inestable.

El deseo de *revancha* –vale reiterarlo– nace allí y puede llegar a perdurar por generaciones, como la ponen de manifiesto la mayoría de los hechos violentos que pululan en el planeta, y la experiencia diaria.

Nos hemos extendido en la generalizada caracterización de los dos extremos de la gama de estilos para finalmente concluir en que, aun cuando se trata de un tratamiento rudimentario de comportamientos mucho más complejos, no por eso carece de utilidad a los efectos didácticos, porque de una u otra forma, al haberse popularizado la idea acerca de ambas modalidades negociables se ha logrado incrementar con valiosas experiencias el acervo de los practicantes.

Lograr mejores condiciones y aptitudes para negociar excede incluso el marco de las controversias comerciales pues hace a la habilidad para el manejo de cualquiera de los inevitables conflictos cotidianos, y consecuentemente a una mejor vida de relación personal y profesional, lo cual sería quizás el más preciado de los logros.

El entorno del negociador. Su importancia

Continuando con el propósito de indagar más a fondo en la interacción que implica esta faceta del proceso que estudiamos, pasamos aquí a poner de relieve otros aspectos prácticos de la experiencia y realidad negocial, que tienen a nuestro juicio una incidencia decisiva.

El principal de ellos es que se suele pasar por alto, al simplificar el proceso, que en el mismo casi nunca se debe lidiar con individuos aislados, sino con miembros o representantes de algún complejo grupal (familia, empresa, institución, etc.).

La realidad que muestra la experiencia negocial consiste en que, influencias de diversa índole de sus grupos de pertenencia, inciden en la capacidad de los oponentes, su comportamiento y en suma gravitan en el desempeño de las partes de modo generalmente no manifiesto, pero no por ello menos sustancial.

En consecuencia, es un grueso error considerar siempre, que en una negociación nos encontramos con individuos totalmente autónomos e independientes, pues por el contrario se trata de emergentes de un grupo determinable, cuyo "mapa sistémico" deberíamos conocer para tener en claro dónde se halla el poder decisorio y otras características que condicionarán nuestra estrategia.

Tener, a nuestra vez, concientizada la dependencia o influencias que nos limitan a nosotros mismos hace a la vez al desempeño más eficaz de nuestra misión, pues incluso, al negociar con otros, no estamos exentos de tener condicionamientos de nuestro propio entorno.

Para precisar más dichos condicionamientos haremos una categorización de las diferentes clases de influencias incidentes en quien actúa como representante o negociador.

a) *Entorno Institucional*: cualquier representante de una institución, y cuanto mayores estamentos o burocracia esta tenga más aún, tiene limitaciones o incluso diferencias de criterio o intereses en juego dentro de su propia parte, lo cual lo hace depender de reglamentos y otros factores internos que merecen una cuidadosa consideración.

Son tan importantes estos, que más de una vez impiden salidas fáciles de un diferendo por la falta de armonía o consenso intergrupal, y no por la dificultad del conflicto en sí.

Se configura así en muchas ocasiones no ya un conflicto único, sino una cadena interdependiente de conflictos sujetos a consideración.

Otra característica del negociador en los marcos institucionales es que tiende a preservar su imagen frente a sus superiores, perdiendo así libertad, flexibilidad y foco sobre el conflicto mismo.

b) *Entorno Referencial*: Cuando se trata de controversias multipartes, en las cuales los intereses en juego son de numerosas personas o entidades, quien negocia debe responder a tales interesados (*stake holders* es el término con que se los denomina en los textos sajones) lo cual como en el caso anterior implica que el representante debe negociar tanto con la otra parte como con la suya misma, y muchas veces la negociación es más difícil en este último caso.

Lo mismo ocurre frecuentemente en la relación Abogado-cliente, dado que es común que estos últimos incurran en sobrevaluación de sus propias posibilidades, buscando reconfirmación de su error más que un agente de la realidad.

c) *Entorno Social*: Tanto las opiniones familiares como las de los comedidos que muchas veces, sin conocimiento de causa, emiten opiniones o críticas, configuran un típico condicionamiento que debe ser considerado concienzudamente, si existe, en el propio caso así como en el del oponente.

La complejidad que agrega el entorno es muchas veces origen de frustraciones perjudiciales para todos, y es por tal razón que llamamos la atención sobre estas circunstancias, que - al ser más explícitas- permiten ser obviadas o superadas.

El reconocimiento de los condicionantes respectivos por los interlocutores les permite cooperar entre sí para llegar a buen término.

Más de una vez se da el caso en que los contendientes deben colaborar uno con otro para lograr que la ofuscación o las falsas expectativas del entorno no obsten a una solución conveniente para todos.

Negociar, en definitiva, es un campo tan propicio a la creatividad que bien justifica su encuadre como verdadero arte.

Es de notar, empero, que, como en cualquier otro caso, el mejor desempeño se logra sumando a una concienzuda estrategia la debida preparación, experiencia y conocimientos técnicos.

Los capítulos iniciales responden al intento de configurar el contexto, es decir el territorio en el cual se desarrollan los diferendos, ya que esa concientización contribuye para lograr la preparación mencionada.

Muchas de las cualidades y talentos de negociador son –ya se dijo- adquiridas en el proceso de socialización y la práctica, así como los estilos, más todo cuanto se desarrolló precedentemente y otros aportes teóricos permitirán complementar habilidades previas, cambiar actitudes inapropiadas, suplir eventuales falencias y, en definitiva, sumar dotes para negociar con mayor efectividad.

Volviendo a utilizar la metáfora, tal como un médico no puede prescindir los basamentos de la anatomía y fisiología para lograr la aptitud necesaria a fin de ejercer el arte de curar, se incrementa el potencial para el arte de negociar diferendos y lograr la reversión de procesos conflictivos también con un adecuado conocimiento de la etiología y dinámica del conflicto, así como de las técnicas que han demostrado mayor eficacia y las barreras que generalmente obstan al proceso reversor, sobre las cuales nos ocuparemos luego.

Negociación asistida. Equipo negociador

Otra faceta de la realidad negocial consiste en la presencia o incidencia de terceros, pero esta vez voluntaria y estratégicamente elegidos por el involucrado en razón de las connotaciones legales o técnicas de la controversia.

Este tipo de entorno, precisamente por conformarse para el logro de objetivos concretos tiene las características de un equipo y como tal debe ser considerado a los efectos de establecer las mejores condiciones de su funcionamiento.

Para conformar el grupo o equipo negociador se deben distribuir los roles y límites de cada uno, y lo deseable es que tal distribución sea explícita y coordinada. En los hechos eso raramente ocurre, pues las partes se limitan a nombrar un representante, abogado o especialista dejando librado a las respectivas personalidades el desarrollo de la negociación.

Consideramos que esa actitud no es la más adecuada para obtener un resultado óptimo, aún cuando haya logrado frutos en algunos casos.

En todos los ámbitos de actividad, y el empresario en particular, se ha despertado el interés en la conformación de equipos, pues la sinergia que se logra es indudablemente prometedora de mayor eficiencia en cualquier tarea y más aún ante la tensión de un enfrentamiento.

En las próximas páginas trataremos las diversas formas de incorporar partícipes del proceso, y de allí surgirá la aplicabilidad de este accionar consociado.

IV. LA PARTICIPACIÓN ELECTIVA Y TÁCTICA DE TERCEROS

Habiendo puesto énfasis en lo pernicioso de la interferencia indeseada de otras personas, lo que frecuentemente ocurre, veremos como contrapartida la utilidad de recurrir táctica y voluntariamente a quien resulte útil para lograr la salida airosa de la trama conflictiva.

Como es sabido, a esos efectos se requiere la necesaria objetividad, lo que, las más de las veces obliga a recurrir a quien esté libre de las distorsiones perceptivas teñidas de subjetividad o emociones del involucrado. El dicho popular que dice "el abogado que es su propio abogado tiene a un tonto como abogado" expresa con contundencia los riesgos que supone impregnar la realidad de preconceptos, subjetividades y expectativas infundadas.

Tal asistencia deviene necesaria además cuando, como generalmente ocurre, las facetas técnicas, legales, u otras cualidades aparezcan estratégicamente convenientes para encarar el desafío.

La actuación será más eficaz sin embargo, en la medida que el propio interesado mantenga su participación y se involucre en las decisiones, logrando así la complementación recíproca a que hacíamos alusión al referirnos al concepto de equipo, pues sus aportes, tamizados por el profesional, tal como la experiencia lo comprueba, optimizan las posibilidades de decidir adecuadamente, y lograr un eficaz abordaje a la controversia.

Es menester aquí pasar a distinguir entre aquellos consultores o colaboradores, profesionales o no, que actúan con y para una de las partes y la figura o rol de *neutral* que es elegido ante la complejidad del caso o cuando hubiere sido infructuosa la negociación directa entre contendientes. Nos encontrarnos en ambos casos con una de las posibles decisiones tácticas proactivas tendientes al logro del control de la situación.

Los términos conciliación o mediación se utilizan muchas veces en forma indistinta para identificar la técnica o técnicas que se caracterizan por requerir en la intervención de un tercero neutral independiente.

Pero nuevamente nos encontramos aquí con disidencias entre quienes los consideran sinónimos y aquellos que sostienen, como es nuestro caso, que se trata de diferentes conceptos.

En el caso de quienes, por interés o necesidad, trasciendan las fronteras se encontrarán con países de Latinoamérica que usan el primero y otros el segundo término, y lo mismo ocurre en otros ámbitos del planeta.

Consideramos al respecto que es mediación el término apropiado para aprehender todas las variantes, metodologías o técnicas que, con la intervención de terceros independientes de las partes, se apliquen con el fin de transformar, disolver o solucionar una controversia, sobre alguna de las cuales nos extenderemos luego.

Tomamos en cuenta al efecto que, como ya lo señalamos, no corresponde denominar esas formas de intervención como conciliación, dado que dicho término se refiere al *qué*, al objetivo, y en cambio es la mediación la que define al *cómo*, siendo de tal modo claro que el último término es el que comprende todos los medios o modalidades de lograr tal objetivo a través o por intermedio de un tercero neutral.

Como se ve, el significado de ambos términos es diferente por lo que la propuesta de consensuar en su uso adecuado no se basa en un exceso de rigor semántico, sino en la necesidad obvia de llamar a cada cosa por un nombre inequívoco, evitando que cada cual incurra en la pretensión de Humpty Dumpty, personaje que en *Alicia en el País de las Maravillas* le dice a la propia Alicia que "... las palabras significan lo que él quiere que signifiquen, porque ello sólo depende de quién es el que tiene el poder..."

¿Qué menos se puede esperar de quienes pretendan intervenir para cooperar en la superación de los obstáculos comunicacionales que caracterizan los diferendos que sea él mismo quien evite el uso de términos confusos o inapropiados?

¿No es acaso una violación a los más elementales principios de la lógica decir que usaremos la conciliación para intentar la conciliación entre las partes?

Tanto para quienes se integren como representantes o consultores de una parte como para aquellos que intervienen en carácter neutral, es menester tener en cuenta una clave de singularísima importancia para lograr eficacia en cualquier negociación y en particular en la mediación.

Se trata de constituirse como modelo de comunicación clara, veraz y abierta, y por su forma de ser y actuar, liderando el proceso de tal modo.

El rol de mediador es en especial, el más sensible a tal requerimiento pues la obtención de confianza y valoración de su persona y esa "imago" depende de contar con un "oído" atento al otro, autenticidad e inteligencia emocional como cualidades básicas.

Esas cualidades sirven como modelo de comportamiento que tiende a imponerse ante los partícipes de las mediaciones, y la experiencia lo viene demostrando día a día.

No existe modo más idóneo para trascender ante los otros que el propio comportamiento o actitud cuando se consigue la mentada *resonancia*, pues la imitación o el mimetismo es el modo de aprendizaje por antonomasia desde la primera etapa de vida de humanos y toda clase de seres vivos por igual.

¿Acaso tiene otra explicación la adquisición por el bebé de modos, actitudes y hasta incorporar posturas físicas de sus padres, que el fenómeno denominado "mimetismo"?

Se ha verificado en muy diferentes experiencias e hitos históricos el poder del ejemplo cuando emerge de una autenticidad nítida, al punto que las más importantes religiones y nacionalidades se sustentan en vidas ejemplares, lo cual confirma el poder del *ser* para inspirar conductas o cambios en los demás.

Por el contrario es evidente lo contraproducente de toda pretensión de *convencer*.

La noción de derrota ínsita en el propio contexto de la palabra, delata el intento de forzar al otro y por consecuencia genera en el mismo resistencias y rechazos que neutralizan el esfuerzo.

Estas últimas consideraciones nos retrotraen a lo dicho sobre el rol del liderazgo en el manejo del contraproceso, y el modo adecuado de lograrlo.

La pertinencia de intentar a ultranza el uso de medios para incentivar una comunicación frontal fluida es lo que propugnamos, dado que son los que permiten sacar a la luz intereses comunes eventuales y casi siempre existentes en tanto que se dé cabida a diferentes opciones, dando rienda suelta a la creatividad.

Las características predominantemente técnicas de los diferendos pueden requerir –y he aquí otro tipo de tercerizacion– la obtención dictámenes objetivos sobre divergencias técnicas que no necesariamente obliguen a las partes, pero en cambio les provea de una opinión desinteresada e idónea que reducirá los márgenes de incertidumbre de quienes aun, sin tener cuestionamientos personales difieren en la respectiva apreciación de sus respectivos derechos o intereses.

Se suele recurrir en esos casos a formas consensuales para dirimir la cuestión en la que, por el efecto mencionado, las partes solicitan la opinión de un experto neutral, o acuerdan la formación de un tribunal arbitral, designan un juez privado e incluso, el lugar, la forma y hasta la ley aplicable.

Antes aun de la existencia de legislaciones el comercio se desarrollaba respetando normas casi unánimes a nivel internacional.

Se denominaba a estos usos y costumbres comerciales *"lex mercatoria"* y hasta hoy muchos casos se someten voluntariamente a esas costumbres o bien a un criterio de equidad, obviando toda norma legal.

Se concluye que, al igual que los medicamentos, que actúan en un proceso infeccioso esa acción curativa se logra invirtiendo la inercia propia de la enfermedad, mediante otro proceso cuya dinámica contrarreste aquella tendencia.

Así como distintas enfermedades tienen disímiles recetas sanadoras, los conflictos, de mayor y casi infinita variedad a su vez también requieren, como ya se señaló de un diagnóstico (interpretación) previo a la aplicación de la forma adecuada de intervención inversora de su proceso y por último, eventualmente la símil quirúrgica, que sería un arbitraje consensual.

Así como el duelo en tiempos no tan lejanos, era la excepción, y sucedía después de resultar infructuosos los intentos pacificadores de los padrinos, ponerse de acuerdo en requerir decisión de un tercero es una variable posible en última instancia.

Se advierte en esta regresión histórica que –contrariamente a la idea prevalente– el procedimiento respectivo exigía y daba prioridad al intento de conciliación o retractación de la ofensa, y paso seguido sólo, en caso de no lograrse aquel propósito; imponía acordar y consensuar las normas a que se sujetaría el procedimiento para dirimir el pleito.

El final podrá no ser tan cruento como entonces, pero la secuencia puede ser la misma: intentar la solución entre las partes y solo en caso de no lograrlo dirimir el caso a través de terceros cuya decisión se estima será justa, elegidos por su idoneidad y prestigio, como el caso del arbitraje.

En resumen, los terceros pueden ser un lastre, como antes hiciéramos hincapié en los entornos, o bien un aporte valioso como colaboradores, negociadores, o como neutrales independientes para facilitar la comunicación y para prevenir o manejar la conflictiva, solucionar la disputa y como último recurso en carácter de árbitros para dirimirla.

Las paradojas de las negociaciones colectivas o múltiples

Aquí se presenta la oportunidad para volver sobre un tema clave para negociaciones indirectas, como es el caso de representantes de Estados, instituciones, empresas o grupos de intereses específicos. La cooperación entre los respectivos representantes da resultados asombrosos. Ambos pueden, y generalmente suelen, tener convicción acerca de los términos y los beneficios que sus representados tendrían en caso de un acuerdo, e incluso sobre sus términos, pero la respectiva dificultad la encuentran en la intransigencia o incomprensión de sus representados, que por los efectos de una o varias de las barreras más adelante tratadas se resisten a perder o conceder y no reconocen mientras tanto, las ganancias que derivarían de un acuerdo.

Lo paradojal es que existen posibilidades de parte de los negociadores de ambas partes de elaborar, si actúan conjunta y cooperativamente, algún tipo de concesión que a los ojos de los representados del otro lado aparezca o simbolice una pérdida de los adversarios, represente un arrepentimiento o, en suma, consiga saciar la sed de justicia siempre presente. (Ver Desvíos actitudinales).

Se advierte aquí una especie de reversión de las acciones estratégicas, pues termina siendo más compleja y decisiva la negociación entre los interesados y su representante que la del conflicto original, mientras que la colaboración de los ne-

gociadores entre sí y de buena fe termina siendo
clave para la solución.

Lograr que sobrevenga empatía recíproca es el
primer paso al efecto.

V. Conflictos de intereses en el grupo

Si bien consideramos que recurrir a terceros, neutrales o no, es frecuentemente útil y positivo, la integración de· uno o más miembros a la representación de los intereses controvertidos pasa del nivel individual al de grupo o conjunto.

La dinámica del proceso puede determinar entonces que, frente a la dicotomía incluyente-excluyente y propia del conflicto en general, a·veces la fuerza incluyente prevalece y tiende a extenderse a los terceros, partícipes o no, deviniendo así el proceso cada vez más complicado en la medida del aumento de actores y de su escalada.

En tales casos ya hemos visto que al conformarse varios conjuntos o estructuras aparecen alianzas, contradicciones e incluso diferendos internos, merecedores también del respectivo análisis esclarecedor de su incidencia en cada caso.

Es considerando tales características que ponemos de manifiesto una circunstancia de carácter esencial respecto a los terceros, y muy en particular de los terceros neutrales que participan del sistema, que debe ser tomada en cuenta tanto por ellos mismos como por quienes los eligen.

Tener en claro y discriminar los roles de cada uno, así como su involucramiento dentro o fuera del conflicto, es esencial a los efectos de comprender el proceso y así poder gobernarlo, pues, en el caso de nuevos involucrados, consciente o inconscientemente se contribuye a alimentar la escalada del mismo, cuya fuerza centrífuga provocadora de la tendencia incluyente antes mencionada no debe dejar de ser tomada en cuenta.

Todo aquel que fuera absorbido por el conflicto no sólo pierde capacidad y eficacia para el manejo del proceso, sino que le agrega otro ingrediente más.

Así se verifica la inconveniencia, por ejemplo, de aquél abogado que, confundiendo su verdadero rol, se identifica y asume como propia la causa del cliente, así como la del tercero neutral que, aun con las mejores intenciones pretenda forzar un acuerdo con manipulaciones para pretender compensar supuestas desigualdades de poder, dado que ambos pierden, así, la objetividad y clarividencia que se requiere del estratega o consultor, sólo asequible cuando se toma distancia del conflicto.

Con su inigualable ironía, el propio Shakespeare así lo expresaba diciendo: *The Lawyers gawns are vested with the wishfullness of their clients* (Las Togas de los abogados se revisten con los anhelos de sus clientes).

La función de abogado de parte, en las negociaciones y en el curso de estos intentos pre o extrajudiciales tiene exigencias y comportamientos muy distintos de los del litigante para los que fue mayormente entrenado.

La propensión a confrontar y oponer resistencias o reticencias a colaborar en la composición de intereses extrajudiciales que caracterizan a tal entrenamiento es un factor de suma importancia y será condicionante de la estrategia a emplear en cada caso.

Suele presentarse tal situación, aun a pesar de contrariar en muchas oportunidades los reales intereses del cliente, por lo cual se entrecruzan pretensiones contradictorias en el propio seno de alguna de las partes.

Se debatió por ejemplo en EE.UU. si la omisión del abogado a informar a su cliente sobre la disponibilidad de métodos adecuados para la solución de disputas al margen del litigio, mediación en especial, constituye mala praxis y genera responsabilidades para ellos, resultando que una sucesión de decisiones judiciales, ya masiva, tienden a inclinar la balanza en tal sentido.

Ello indujo a los Colegios de Abogados de ese país a incluir tal obligación en sus Códigos de Ética.

En el Estado de Colorado (USA), por ejemplo, ello se consumó a través de la modificación de la regla 2.1 años atrás, en tanto que en Nueva Jersey fue impuesto mediante una resolución judicial obligatoria, que en nuestro caso llamaríamos acordada, (NJ Court Rules 1:40-11). (Conf. Robert J. Robertory. ABA Dispute Resolution Magazine Sept. 1997, Jean R. Sternlight. "Mediation Theory and Practice – Law Publishing 2001)

Caso II. Una experiencia significativa

Se trataba de un diferendo surgido entre consorcistas de un grupo de edificios interconectados y constituidos por viviendas, cocheras, locales de comercio y un importante establecimiento hotelero.

En total componían el grupo medio millar de unidades pertenecientes a distintos consorcios de copropietarios lo cual de por sí da a entender los múltiples intereses involucrados.

Un tercio de ellos eran propietarios de comercios componentes de una galería comercial, quienes se favorecían con el flujo de clientes provenientes del hotel que formaba parte con algunas unidades de los 3 diferentes consorcios de copropietarios en cuestión.

Acicateados por propuestas de un abogado, algunos copropietarios de la galería comercial intentaron incrementar el precio del alquiler de un espacio común que tiempo atrás había sido arrendado al hotel llevándolo a casi diez veces el valor originalmente pactado. La disputa se originó porque procedieron intempestivamente lanzando una drástica intimación de desalojo y apercibimiento de juicio.

Ante ese acto compulsivo, que venía a quebrar la armónica relación que prevalecía hasta el momento, se decidió retomar la iniciativa con una medida aparentemente innocua cuyo objetivo era revertir la escalada litigiosa y dar lugar nuevamente a una negociación consciente de los intereses comunes en juego.

La puerta de comunicación entre el Hotel y la Galería Comercial era amplia, vidriada y , flanqueada por amplios ventanales transparentes. Se decidió opacar la visión que existía a través del ventanal con la aplicación de un recubrimiento plástico que, a partir de su colocación, impedía la visual a los comercios a los pasajeros del hotel, sin por ello bloquear el paso.

Pocos días después, al advertir el cambio, una delegación de los comerciantes concurrió a solicitar la remoción del obstáculo a la visual argumentando que de tal modo perderían clientela.

Se respondió que tal concesión sería lógica entre vecinos que mantenían una relación armónica propia de la convivencia comunitaria, lo cual no se condecía con la ruptura abrupta de la negociación del contrato antes mencionado y las amenazas vertidas.

Poco demoró el reconocimiento de la interdependencia obvia entre las partes, tanto legal como práctica, y de ese modo, a los pocos días se pasó a una breve negociación en la que se logró un acuerdo y quedaron satisfechos los intereses recíprocos.

En los 10 años subsiguientes la relación no solo se reestableció y mantuvo sino que mejoró a niveles nunca logrados con anterioridad.

El resultado de la estrategia

Mediante el uso de un lenguaje simbólico se demostró irrefutablemente la existencia de los beneficios recíprocos que se derivan del mantenimiento de buenas relaciones de vecindad y la interdependencia de intereses que se daba en el caso específico.

Quedaron en evidencia los riesgos que engendraba a ambas partes la escalada del conflicto y emergió la existencia de intereses contradictorios entre la abogada promotora del litigio y la mayoría del consorcio.

Preguntas: ¿Hubiera sido posible igual o mejor resultado con argumentos verbales o escritos? ¿La intervención del abogado con intenciones litigantes y acciones confrontativas llevando a las partes a un eventual litigio hubiera beneficiado a quien lo promoviera? ¿coexistieron intereses contrapuestos entre abogado y cliente?

El último de los cuestionamientos con que concluye la anécdota que antecede es traer a la luz la realidad del generalizado aunque muy poco tomado en cuenta, conflicto de intereses entre partes y representantes, por un lado casi inevitable aún cuando no sea consciente, pero parte de la imprescindible atención y consideración de quien, en cualquiera de los roles que se desempeñan en el proceso, quisiera desentrañar la madeja, tema sobre el cual nos explayaremos más adelante.

La premisa de separar las personas del problema que propugnan todas las escuelas de negociación, requiere por ello aún más énfasis, cuando se interviene en casos ajenos, y esto resulta válido para todo aquel que pretenda mantener el control de la situación, pues juegan allí inevitablemente sentimientos o intereses ajenos y propios entremezclados, problema al que también nos referiremos más extensamente en adelante como una de las barreras que obstaculizan la salida airosa de la disputa desencadenada.

Se utiliza en este caso el término conflicto por ser el modo vulgar de identificarlo, aún cuando en nuestra opinión la forma adecuada de denominarlo sería: INTERESES CONTRADICTORIOS.

Su existencia es en muchos casos inevitable y casi generalmente consentida, por la cual no existe conflicto real sino meramente potencial, aunque en razón de la generalizada utilización y comprensión del concepto seguiremos con los términos del título.

Ese aspecto determina, por lo antes señalado, la necesidad de fijar estrictos parámetros éticos tanto para quienes actúan como neutrales como para quienes no lo son; explicitando cualquier situación o duda al respecto.

Se ha comprobado al respecto, en las más importantes instituciones que prestan servicios de Resolución Alternativa de Disputas, que los métodos no confrontativos conseguían mejores resultados en la medida en que la exigencia estricta de descartar todo eventual interés personal o contradictorio imponiendo rígidos parámetros éticos aumentaba, lo cual a la vez generó la confianza necesaria en dichas instituciones y una creciente adhesión de los usuarios. La supervivencia de muy pocas de ellas y el constante crecimiento de las más exigentes son muestras acabadas de la eficiencia que logra el riguroso control de la neutralidad y la ética en un campo tan sensible.

La inédita desaparición de un gigante como Arthur Andersen, quizás el más importante del planeta en materia de auditoría y consultoría, ocurrida cuando ya estaban prácticamente concluidas estas páginas, fue más que oportuna para ratificar el concepto y el carácter esencial de la verificación de cualquier interés contradictorio que pudiera afectar la independencia y neutralidad de los dictámenes u opiniones antes de requerirlas.

Si bien – como se dijo – tal recaudo se exige corrientemente en las instituciones que proveen mediadores y árbitros, a partir de este momento se comienza a extender tal exigencia a la contratación de cualquier tipo de auditoría o consultoría, hoy casi como una obsesión.

Los colapsos que siguieron al de Arthur Andersen, Enron, Global.com, Parmalat, Ahold y otras megaempresas constituyeron un hito que cambia todas las reglas no solo para contratar profesionales, sino que generaron una revolución en los organigramas empresarios, en especial respecto de sus máximos directivos.

El llamado conflicto de intereses, pasó a primer plano, aunque siempre existió, y pese a que al poco tiempo como novedad el interés se diluye, insistimos en la necesidad de considerarlo en toda su relevancia para el análisis de un caso, tanto como para depurar eventuales desvíos en toda actividad empresaria, estatal o profesional.

La existencia de intereses contradictorios es indiscutible desde el momento en que se inicia la relación, la cual no se suele explicitar usualmente por privar en general la presunción de buena fe aunque lo que no se tiene en cuenta es el desvió que proviene del nivel inconsciente y puede incidir en una u otra decisión.

Caso III: Incidencia de un error

Una gran empresa comercializadora de granos y semillas y la sociedad propietaria de un campo habían suscripto un contrato de arrendamiento por una fracción de ese predio, por el termino de dos temporadas agrícolas.

El contrato establecía un precio unitario sujeto a la superficie que estuviere en condiciones de ser cultivada, pues existían parcelas propensas a inundaciones en caso de abundantes lluvias.

El diferendo:

La propietaria sostenía amparándose en el contrato y las comunicaciones posteriores entre las partes durante su vigencia, que la sociedad arrendataria debía abonar una suma mayor que la liquidada al final de las cosechas de ambas temporadas.

La razón en que se apoyaba la arrendataria para

no aceptar el reclamo, era que una parte importante de la fracción había permanecido "sin piso", es decir inaccesible a las maquinarias por exceso de agua que impidió su laboreo.

En principio la documentación exhibida daba lugar a una diferencia a favor de la propietaria del campo, la cual propuso una mediación, interesada en mantener la relación.

La arrendataria muestra igual interés, pero ambas posiciones se mantienen firmes durante el primer encuentro.

Los mediadores, ambos conocedores del negocio agropecuario, decidimos reunirnos con cada parte en forma separada.

El nudo gordiano:
De esa forma detectamos que el abogado de la multinacional se resistía a reconocer el reclamo, que como se señaló, tenía buenos fundamentos en el contrato y restante documentación pese a que según informes posteriores, parte de la fracción estuvo inaccesible y no pudo utilizarse.

Su posición frente al gerente de la empresa era incómoda por haber dicho sido quien redactó el contrato y toda la documentación que no daba lugar a su argumento.

Todo cambió al surgir del análisis del caso que fue una información errónea del ingeniero que revisó el campo en primera instancia la que lo indujo a dar al contrato la forma que daba lugar al diferendo, tras lo cual pudo aclarar con su mandante la debilidad de la posición jurídica de la empresa y su justificación.

La solución:
Se realizó a continuación una nueva reunión entre todas las partes, lográndose un acuerdo mutuamente satisfactorio porque los representantes de la propietaria reconocieron, a su vez, en aras de preservar la relación, una reducción parcial. El corolario de la gestión fue que -solucionado el conflicto- se renovó el contrato por una temporada más.

La empresa -una multinacional con profusa actividad en el país- evitó que su cumplimiento se pusiera en duda en plaza, y la propietaria se aseguró un nuevo arrendamiento con garantías de rendimientos altos por la inmejorable capacidad tecnológica de su contraparte.

En el caso precedente, sacar a la luz la contradicción de intereses internos fue importante, por cuanto el recto proceder pudo hacer a un lado al dilema, lo que solo es posible cuando se tomó conciencia de la inevitable tensión entre las exigencias del rol o profesión y los propios intereses.

La trascendencia en el ámbito empresario fue tal, que Wall Street puso condicionamientos tan rígidos que derivaron en la emigración de algunas empresas de esa Bolsa a sistemas menos exigentes.

El propio Congreso de EE.UU dictó normativas tendientes a evitar situaciones ambiguas, reconocidas bajo el nombre de los autores del proyecto, los legisladores Sarbannes y Oxley.

Concluimos señalando que, si bien era conocida la posibilidad de existir intereses contrapuestos dentro del propio grupo o equipo, las consecuencias de pasar por alto el tema fueron tan graves que obligan a tenerlo presente de ahora en más, lo cual aportará más claridad a todo tipo de relación y en particular al área de la prevención y manejo de los conflictos.

VI. ¿A QUIÉN BENEFICIAN CIERTOS CONFLICTOS?

Una de las categorizaciones que hicimos del conflicto oportunamente es que el mismo puede ser manifiesto o latente.

Estos últimos proliferan en la psiquis del ser humano desde la infancia (celos, carencias, discriminación) o en el seno de la historia de cada familia o pueblo, y pueden no aflorar nunca o desplazarse, por el fenómeno de identificación, a una nueva situación y generar el día menos pensado una colisión sin causa aparente.

En primer lugar es conocido el caso de personas que se procuran un determinado conflicto o la existencia de un enemigo como necesidad psicológica interna, cuyos orígenes no es el caso tratarlos aquí, sino para poner de manifiesto que existen patologías que afectan a ciertos individuos y lo motivan para promover una disputa y mantenerla viva desplazando hacia ella su energía.

A tal efecto deben tenerse en cuenta las consecuencias que ese síndrome acarrea a las personas que involucra pues, como sabemos, dos de los más importantes recaudos que se recomiendan para procurar la reversión del proceso son:

a) Conocer las *necesidades* de las partes.

b) Conocer los *intereses* respectivos.

Si bien se trata del ámbito interpersonal, y como decíamos, nos internaríamos en el campo de las patologías de la psiquis, no podemos dejar de lado la existencia y habitualidad de estos desplazamientos, pues tienen efectos en las relaciones interpersonales y también en el manejo de grupos, instituciones o países y los encontraremos de seguro en más de una ocasión, como ya lo ha probado la historia antigua y la reciente.

Por otra parte también existe el mismo tipo de desplazamiento de la energía hacia otro conflicto ajeno, con el objeto de evitar y no despertar una situación latente propia, no ya involuntaria o inconscientemente, sino por motivaciones especulativas y tácticas, y esto se constituye en otra de las dificultades que merece tenerse en especial consideración por su carácter no siempre ostensible.

La expresión "chivo emisario" lo resume todo, pues configura el direccionamiento de frustraciones, odios, prejuicios hacia terceros que poco o nada tienen que ver con tales sentimientos y terminan siendo receptores de las agresiones de descarga de aquellos fenómenos.

Cuando Maquiavelo aconsejaba al Príncipe " Divide y reinaras" estaba señalando que incentivar los conflictos que genera esa desunión de otros le permitirá al gobernante seguir ejerciendo su poder en desmedro de aquellos a quienes coloca en situaciones de confrontación; ponía sobre el tapete una modalidad responsable de gravísimas y sangrientas disputas en el pasado y el presente que configuran una diferente categoría de conflictos que podríamos denominar endógenos.

Preguntarse ¿a quién beneficia la subsistencia de alguna disputa? Es la forma de detectar la existencia de esta barrera y obviamente una base sólida para delinear la estrategia adecuada para superarla.

No está de más hacerlo sistemáticamente, pues es con mucha asiduidad que encontramos beneficiarios ocultos tras persistentes confrontaciones a veces incomprensibles.

Basta ver alrededor del planeta los bolsones de pobreza extrema junto a la opulencia ilimitada de magnates y déspotas para ver cómo, sosteniendo viva alguna guerra o disputa ajena con su apoyo económico, político o instrumental pueden derivar la atención de los sojuzgados y así evitar que dirijan su frustración hacia sus propios líderes.

En esas áreas, tan expuestas por los medios de comunicación, aparece con mayor obviedad la utilización de este subterfugio y es por lo tanto una forma nítida de visualizar el uso del mecanismo y la complejidad adicional que adquieren las disputas cuando su preservación es tan importante para terceros ajenos, que se mantienen al margen en apariencia, pero subsidian y alientan de cualquier manera a alguno de los disputantes interfiriendo en su capacidad de decisión para hallar solución a la disputa.

VII. ¿AFECTAN LOS ENFRENTAMIENTOS SÓLO A LOS INVOLUCRADOS?

S i en cambio la pregunta que nos hiciéramos fuera ¿ A quien afectan los conflictos? veríamos que se verifica el nuevo modelo de análisis sistémico de la realidad, que brevemente describe así S. Reich:

Utilizando el pensamiento sistémico se percibe que funcionan los individuos y los grupos como sistemas dentro de otros sistemas interrelacionados, interdependientes y mutuamente afectados.

En directa relación y confirmación de lo antedicho, una reciente investigación de organismos internacionales ha detectado en pueblos aislados en lo mas profundo del Ártico, la aparición de enfermedades respiratorias y otras asociadas, con certeza clínica, con los efectos de efluentes gaseosos de determinados productos tóxicos utilizados a varios miles de kilómetros por la industria, la minería y la explotación agrícola, que los vientos predominantes y las nevadas precipitaran allí.

Se vuelve a comprobar que, al igual que ante la explosión de Chernobyl los efectos de un sistema de producciones de cualquier parte, que utilizan productos tóxicos, llegan hasta los mas recónditos lugares del planeta, que esto es reciproco y que negar esta realidad es mas peligroso aun, por sus efectos en el corto o largo plazo.

En relación al proceso conflictual es evidente que el mimo afecta primordialmente al entorno inmediato, y aun cuando la incidencia sobre el resto de la comunidad (empresa, institución) es menos evidente se detectan a veces consecuencias que pueden adquirir mayor trascendencia cuando el proceso tiene resonancia en el grupo o bien escala adquiriendo ribetes mas violentos.

Sin entrar en la infinita variedad que puede tener la conflictivad ponemos de resalto que aunque los efectos de alguna controversia aislada son imperceptibles fuera de su entorno, la sumatoria de conflictos devenidos en disputas escalando fuera de control afectan inicialmente al grupo y consiguientemente a la sociedad respectiva, como ya fue comprobado con los estudios de Banfield y Fukuyama antes citados.

Demás esta insistir en las consecuencias funestas que los enfrentamientos que maquiavélicos lideres provocan a sus gobernados, pues la miseria y destrucción sufrida por Alemania tras la primera y segunda guerra mundial es el mas significativo y vivido ejemplo, que puede repetirse hasta el cansancio citando casos tan dramáticos como los de Bosnia, Ruanda, Uganda o Irak tras sus invasiones a Irán y Kuwait y la secuela de la guerra actual a cuyos efectos se extienden a todos y cada uno de los países del planeta, involuntarias victimas del juego de intereses ajenos.

Pasando a visualizar las posibilidades de solución existentes volvemos a insistir en la importancia de asumir la realidad multifactorial del fenómeno y así tomar en cuenta que existe igualmente la misma incidencia, esta vez positiva al comenzar generando cambios en alguno cualquiera de esos factores, con la certeza que surtirán algún tipo de efecto en el resto del sistema y dispondremos así de una herramienta que, estratégica y consecuentemente aplicada comienza a operar con los mismos resultados respecto del todo, pero esta vez con eventual efectividad reversora del proceso conflictivo.

Volviendo a las analogías, la medicina logra la cura de un proceso infeccioso solo recién después de conocer su naturaleza y etiología, para aplicar recién entonces algún elemento o terapia que inicie el contraproceso terapéutico.

La conclusión a que llegamos, en concordancia con lo anterior, es que vuelve a ratificarse la pertinencia de la expresión matemática $(+ x -)$, en tanto que representa el resultado de dirimir disputas con un ganador y un perdedor, pues aun si en el tiempo transcurrido la victoria no ha perdido sentido, el costo y recursos insumidos y las consecuencias que acarrea no dejar resuelto el conflicto, desvirtúan el éxito inicial además de repercutir e insumir recursos de la comunidad, que demanda cada vez mas costosas instituciones para el cúmulo incesante de litigios que se le requiere dirimir.

La inmoral incidencia del gasto en armamentos en desmedro del gasto social es otra muestra acabada del efecto dañoso de conflictos latentes, reales o hipotéticos, pero en definitiva irresolutos.

Por el contrario así como $+ x +$ es igual a $+$ y $- x -$ también, tales resultados de una concertación redundan en beneficios para todos pues todos ganan aunque en primera instancia los adversarios hayan cedido en alguna medida sus pretensiones iniciales. *La búsqueda de consensos y la actitud cooperativa dan indiscutibles frutos.*

Queda así planteada una invitación a la reflexión que puede extenderse a todos los ámbitos de la vida en comunidad.

VIII. El tercero neutral. ¿Un recurso primitivo? Su inalterable eficiencia con nuevas modalidades

Todo cuanto precede es atingente a cualquier tipo de intervención, por parte de uno o más terceros independientes de las partes una vez que el proceso ha escalado.

El carácter dinámico, variado, multifacético e informal que va perfilándose en el campo del manejo de conflictos y solución de disputas, es el que permite su adaptación a la creciente complejidad de la conflictiva del mundo actual, lo cual explica la inédita expansión que, en casi todos los países del planeta viene mostrándose, coincidentemente con la explosión tecnológica e informática cuya incidencia en la proliferación de controversias es indudable.

La tendencia a restituir a los ciudadanos la alternativa para resolver sus diputas fuera de los tribunales estatales, posibilitándoles elegir al neutral que creyeren más conveniente, coincide con otra característica de esta época, en que se tiende a limitar también el rol del Estado en el manejo de actividades empresarias, lo cual ratifica la interrelación y compatibilidad que se produce entre los diferentes ámbitos de la sociedad cuando cambian ciertos paradigmas.

En cuanto a la figura del tercero neutral, debemos preguntarnos qué es lo novedoso, pues la utilización de un tercero ajeno a la disputa es un recurso tan espontáneo y de tan larga data como la vida humana en sociedad y advertimos entonces que se vuelve a recurrir a mecanismos ya arraigados en el individuo gregario, aunque caídos en desuso por un tiempo.

Tanto es así que incluso en los juegos de niños es lugar común recurrir espontáneamente a alguien que no participa en los mismos para dirimir una discusión sobre derechos posesorios o respecto a quien incumplió las reglas.

Casi sin excepción encontramos en la Historia, la Antropología y el Derecho comparado figuras o roles de personajes independientes o equidistantes entre las partes que sin tener adjudicado poder para dirimir la cuestión, como era el caso prototípico del Rey Salomón, intervenían con el propósito de avenir a las partes o bien resolver la controversia, siempre con el fin de mantener la armonía y concordia en el grupo.

La tradición Judeo-Cristiana lo ha mantenido vigente hasta que sobrevino el proceso de secularización con el estado de derecho (23), así como también existe en los países musulmanes la llamada "Mullakah", una suerte de Mediación. (24)

La profesora Phyllis Bernard (25) y su colega James Zion ("The Navajo Peacemaker Court. Difference to the Old and Accommodation to the New", *American Indian Lawreview*, 1983) han estudiado y mencionado múltiples ejemplos de los que denominaron Pacificadores Tribales, aún vigentes entre los indígenas del noroeste de América y Canadá, asi como entre los Navajos y otras etnias.

Idéntica función describe el antropólogo Carlos Valiente Noailles (26) quien investigó comunidades del Sur de África (Kallahari), las que aún hoy no admiten otra alternativa que el avenimiento o el ostracismo, encomendado el logro del primero a amigos vecinos o cualquier otro tercero.

Mucho se podría abundar sobre esta singular modalidad que parecería constituir una de las denominadas universales de la cultura, por haber sido denominador común entre toda la humanidad, siendo esta una de las razones por la que hemos venido sosteniendo que su renacimiento en los diferentes países que habían dejado de lado esa función armonizadora y restauradora de la concordia social ratifica que se trata de una necesidad, que impulsa a utilizar cada vez más, métodos no confrontativos de manejo de conflictos y disputas a través de neutrales aceptados por las partes.

Una visión más amplia de este fenómeno muestra que la incidencia de las corrientes filosóficas-políticas prevalentes en los últimos tiempos (Sartre, Nietzsche) exacerbaron el individualismo extremo a tal punto que dio lugar a la pérdida de los lazos comunitarios, con las consecuencias destructivas que afloraron ya. La contraola, que tiende a recuperar un balance entre las necesidades de supervivencia de las comunidades y los intereses de los individuos que las componen es el fenómeno que estamos percibiendo y describiendo.

Esa tendencia se extiende desde el ámbito interpersonal o interinstitucional llegando al área de los conflictos internacionales más complejos.

Traemos a colación esta circunstancia para reafirmar la tesis que sostenemos y comprobamos en el sentido que dirimiendo exclusivamente las disputas entre ganador y perdedor, se hipoteca el futuro del conjunto cuando tal recurso excede los casos excepcionales y en cambio se generaliza su utilización olvidando que *res-*

taurar la armonía y la paz en cualquier grupo humano
es inherente a su capacidad de supervivencia.

La rigidez y disfuncionalidad del sistema hegemónico prevalente en los estados de derecho para proveer a dicha necesidad y adaptarse a los nuevos desafíos ha provocado en generalizada crisis, dando lugar al espontáneo y cada día mas difundido recurso a las mas diversas técnicas alternativas que la creatividad suma a las modalidades ancestrales que renacen con fuerza. La casuística, con sus inéditos desafíos, va continuamente demandando nuevas opciones.

El uso de estas opciones, que no constituye ya meramente una alternativa frente a la acción judicial, sino que hoy aparece y se extiende la tendencia a recurrir a alguna de las nuevas técnicas ya como requisito previo o incluso durante el proceso judicial, ya sea por determinación de los propios Jueces, como ocurre ya en la mayoría de las Cortes de Norteamérica o por impulsos legislativos en Latinoamérica y Europa.

Si se toma en cuenta que las estadísticas, al menos en Norte y Sudamérica, que muestran como sólo aproximadamente 25% de los juicios iniciados llega a una sentencia definitiva, se comprueba que tal requisito resulta más que lógico y necesario para mitigar el costo individual y social de la compleja, morosa y onerosa vía jurisdiccional, excesivamente recargada de por sí.

Parecería entonces comprobarse, a través de este somero análisis de los lugares comunes de la cultura humana, que podrán diferir las técnicas o los métodos, pero *la constante es la búsqueda de un auxiliar independiente, neutral para resolver las pendencias o dirimirlas cuando fallan los intentos de negociación.*

Si el logro de restablecer la armonía quebrada por miembros de la comunidad no se logra a través del sistema prevalente tarde o temprano surgirán otros, y eso es lo que está ocurriendo con la expansión de los llamados Métodos Alternativos de Resolución de Disputas. Tal expansión, en tanto se comprueba que son realmente efectivos, es entonces inexorable y lo que sigue así lo muestra.

La simple enunciación de diversas modalidades de intervención de neutrales que a través de la experiencia se demostraron eficaces y hacemos a continuación, aporta una idea de la flexibilidad y adaptabilidad que estos métodos no confrontativos perfeccionándose con inacabable creatividad van proliferando cuando las partes asumen para sí la responsabilidad del manejo de sus disputas y no se someten a los riesgos de ceder al Estado innecesariamente toda capacidad de decisión y autonomía.

En esencia, lo ancestral y lo nuevo coinciden en su objetivo, el manejo adecuado de los conflictos en los grupos y en la sociedad en general , para permitir su armónica convivencia y restablecer la paz social.

Sin entrar en detalles, listamos algunas de las variante más usuales que se vienen utilizando en los países más desarrollados:

A. PANELES DE REVISIÓN DE DISPUTAS
B. PANELES DE NOTABLES
C. EXPERTOS NEUTRALES DE DIFERENTES CLASES:
C.1 EVALUACIÓN NEUTRAL TEMPRANA
C.2 CONFERENCIA CONCILIATORIA CON MODERADOR
C.3 MINI-JUICIO NO VINCULANTE
C.4 ARBITRAJE NO VINCULANTE

D. MEDIACIÓN FACILITATIVA

E. MEDIACIÓN EVALUATIVA

F. MEDIACIÓN HÍBRIDA

G. MED – ARB

G.1 MEDIACIÓN SEGUIDA DE ARBITRAJE CON EL MIS-MO NEUTRAL

G.2 MEDIACIÓN SEGUIDA DE ARBITRAJE CON DIFE-RENTE NEUTRAL SIRVIENDO EL MEDIADOR CO-MO DIRECTOR DE PROCEDIMIENTO.

G.3 MED - OF - MED (MEDIACIÓN - OFERTAS - MEDIA-CIÓN)

G.4 MED - ARB - OF. (MEDIACIÓN SEGUIDA DE ARBI-TRAJE BASEBALL)

H. ARB - MED. ARBITRAJE SUMARIO CON LAUDO NO VINCULANTE SEGUIDO DE MEDIACIÓN.

I. ARB - MED - ARB. ARBITRAJE CON LAUDO OCULTO SEGUIDO DE MEDIACIÓN Y CON ARBITRAJE FINAL VINCULANTE

J. NEUTRAL COORDINADOR DE DIFERENTES PRO-CEDIMIENTOS DE RESOLUCIÓN DE DISPUTAS

K. ARBITRAJE NO VINCULANTE EN EL CURSO DEL PROCESO JUDICIAL.

L. MEDIACIÓN EN EL CURSO DEL PROCESO JUDICIAL.

M. ARBITRAJE DEFINITORIO DECIDIDO POR CON-SENSO ENTRE LAS PARTES

Respecto de los métodos, que incluyen arbitraje no vin-culante en el listado que antecede, aclaramos que se tra-ta de una opinión autorizada de parte del neutral, que las partes no están obligadas a acatar, pero sin embargo las previene sobre el posible resultado final de un even-tual litigio, y de tal modo facilita una negociación en tér-minos más objetivos.

Un claro ejemplo de estas ingeniosas soluciones es el llamado "baseball arbitration" o el de oferta final con laudo oculto, muy eficaz y por ello favorito de las empresas aseguradoras que por su propia naturaleza asumen las disputas de casi todos sus asegurados, siendo las mas necesitadas de soluciones rápidas y efectivas.

Esta última modalidad acelera al máximo la solución del diferendo, pues requiere una oferta bajo sobre de ambas partes, y finalmente privará aquella que se acerque más a la estimación del neutral que de la misma forma permanece oculta y se conoce simultáneamente con las otras.

No son estrictamente métodos heteronómicos de dirimir controversias o disputas como el litigio y su alternativa, el arbitraje tradicional, que constituyen las formas de DIRIMIR la controversia pero, como se ve, combinan ambas posibilidades, aunque en secuencia respetuosa de la autonomía de la voluntad de los contrincantes.

Si se compara esta proliferación de variantes, que ocurrió apenas en un par de décadas, con la forma en que perduró como hegemónico y casi exclusivo el sistema judicial durante casi dos siglos, se advierte la compatibilidad de tales creaciones, con los requerimientos de la hiperconflictividad e hiperdinamismo de la sociedad actual, y su contraste con la rigidez y las limitaciones del proceso judicial puro.

A título de ejemplo del explosivo crecimiento de nuevos instrumentos para el procesamiento de disputas glosamos textualmente un informe de la fundación que promueve el uso de los Paneles de Revisión de Disputas a nivel internacional y local en el cual se grafica el crecimiento en cantidad de proyectos que utilizan el sistema, la cantidad de disputas resueltas con acuerdo y el valor en $USB (Billones de dólares) involucrados.

Estas cifras son más que significativas para poner de relieve la importancia que se le da al manejo prematuro y eficiente de los conflictos cuando la cuantía de las inversiones no admite asumir el riesgo de disputas y sus imprevisibles consecuencias económicas.

¿Son acaso diferentes las consideraciones respecto de los casos de menor cuantía?

Disputas resueltas

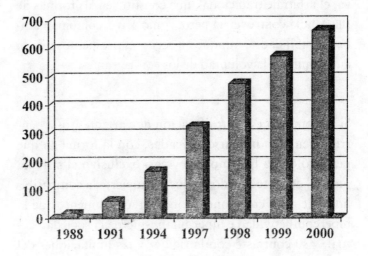

Proyectos que incluyen paneles de revisión de disputas

Proyectos que incluyen Paneles de Revisión de Disputas.			
	Proyectos con DRBs	Valores Contractuales	Disputas Resueltas
Año		(en billones de dólares)	
88	19	1,4	16
89			
90			
91	63	3,2	78
92			
93			
94	166	9,7	211
95			
96			
97	326	22,1	424
98	477	28,8	596
99	576	32,6	758
0	666	35,4	842

El uso de dichos paneles predomina en las obras y proyectos constructivos de envergadura, así como los paneles de notables son cada vez más utilizados en los hospitales y Centros Médicos donde el fantasma de la mala praxis y el costo de los seguros requirió agudizar el ingenio para reducir costos y apremios de toda índole. El área médica hospitalaria es paradigmática y un modelo de la retroalimentación de los conflictos, pues las tensiones que afectan a los médicos por amenazas de juicios entablados les hace más propensos a cometer errores que ocasionarían nuevos reclamos.

No hace falta señalar que la cirugía y otras intervenciones demandan la plena concentración y total estabilidad anímica, pues lo que está en juego es nada más y nada menos que la vida del paciente.

Es dable imaginar desde el ángulo del cirujano la perturbación que lo afecta cuando ha recibido un reclamo dinerario que supera su patrimonio o le puede coartar la carrera. De ahí que la factibilidad de errores se puede incrementar, y los conflictos subsiguientes por añadidura cuando ese reclamo lo acecha.

Lo más grave es que el propio temor provoca a veces la abstención o reticencia del profesional, lo que determina que no se utilice la opción más adecuada, dando origen a otros reclamos y en suma más conflictos

Toda medida, técnica o estrategia tendiente a liberar de tensiones a los practicantes de la medicina es por tal razón de carácter vital e ineludible, y el uso de remedios preventivos como aquí proponemos más aún.

Casi todas las variantes de intervención asequibles con aptitud para la solución no adversarial de controversias de algún modo contienen la idea de mediación, pues se trata de un concepto muy amplio que puede representar muy diferentes clases de intervención, pues el propio término comprende cualquier forma en que un tercero neutral independiente de las partes es requerido para intentar la solución de una controversia.

Por eso la concebimos abierta a la más amplia gama de posibilidades para ser efectiva, con amplitud y flexibilidad solo limitados por normas éticas y la confidencialidad como ingrediente ineludible.

Esa versatilidad le permitirá seguir adaptándose a los requerimientos sobrevinientes y mostrar eficacia ante el fenómeno de la creciente complejidad del marco confrontativo perceptible en los intrincados contextos socio – económicos actuales.

Hacemos esta salvedad, en virtud de la tendencia, repetida en cursos, seminarios y publicaciones a encasillar esta herramienta sólo como un medio de facilitar la comunicación, sosteniendo para ello que no se requeriría más que una breve capacitación en determinado método.

La experiencia ha demostrado sin embargo que, en los diferendos interempresarios o multipartes la característica de la problemática es tan versátil y especializada que requiere no solo esa capacitación, sino además la necesaria idoneidad y familiaridad con los lenguajes, términos o particularidades del área negocial, que solo se adquiere con años de práctica en esas especialidades. El conflicto derivado de mala praxis es un claro ejemplo de tales requerimientos.

En efecto, los diferendos no son extraños a los vericuetos de la tecnología, la complejidad de las figuras financieras y de las transacciones y actividades comerciales o profesionales.

Tal como la informática ha creado nuevos términos, cada actividad posee códigos solo conocidos por los iniciados.

Mal podría entonces colaborar para mejorar la comunicación entre las partes un neutral que ignorase el significado de las siglas que manejan los contendientes.

En tanto posea tales conocimientos y acredite solvencia para comprender la realidad negocial, únicamente así, el neutral podrá ganarse la consideración de las partes (véase liderazgo espontáneo).

Por eso, una vez que se reconoce la idoneidad del mediador es usual que ambas partes pidan, en circunstancias en que se dificulta un acuerdo, una opinión o evaluación del caso al mediador.

Esa opinión, que no las obliga, les ayuda en cambio a reconocer términos más objetivos o parámetros para un acuerdo posible.

Ya hemos dicho que la ventaja y la subsiguiente habilidad para resolver disputas, consiste en combinar las técnicas, y en ese caso incorporar *la evaluación de un experto neutral* como complemento de una mediación puede, y de hecho resulta, en acrecentar las posibilidades de éxito.

La experiencia internacional está demostrando múltiples y enriquecedores ejemplos de esa y otras de nuevas aplicaciones y procedimientos mixtos, con variantes de toda índole aplicadas a un principal objetivo: dar solución o encarrilamiento adecuado al proceso conflictual cuando la disputa se ha desatado.

En todos esos casos en que la negociación directa o a través de representantes no ha dado resultados, la intervención de terceros neutrales es el recurso adecuado, con las más diversas técnicas por lo cual subsumimos la mayoría de las diferentes técnicas en el amplio concepto mediación, utilizando el término arbitraje cuando se procura una decisión sobre el diferendo.

La diversidad y creciente complejidad de las controversias comerciales medioambientales o comunitarias ya aludida se ha constituido en escollo insuperable para jueces y jurados tradicionales, cuya posibilidad de conocer y expedirse sobre proposiciones de áreas tecnológicas o incluso médicas, informáticas bioéticas, etc, cuya especificidad dificulta o incluso les impide arribar a una decisión certera, y es esa la razón que impone –contrario sensu- disponer de especialistas en los temas de la disputa para así poder solventar esa falencia en lugar de incurrir en el mismo déficit.

El caso U.S.A vs. MICROSOFT, enviado por el primer juez a mediación en el curso del proceso, es paradigmático y significativo de lo expresado.

El proceso cambió luego de Juez, y la dificultad para decidir persistió, determinando al nuevo magistrado a requerir una nueva mediación. Se lograron así acuerdos parciales, contribuyendo finalmente a una solución definitiva del caso, cuya trascendencia, de perdurar la indefinición, podría haber resultado catastrófica. La sola hipótesis de trabar el uso de los sistemas creados por MICROSOFT con una medida judicial, o generar penalidades de cifras astronómicas era una pesadilla para los jueces que hubieran tenido que dirimir el pleito.

Al momento en que esto se escribe la Unión Europea y Microsoft están trenzados en una maraña conflictiva con similares impedimentos para una solución drástica.

Muchos jueces de nuestro medio al ser consultados, han incluso reconocido, que la tendencia- y necesidad- de seguir, sin mayor escrutinio, por la antes mencionada dificultad técnica, dictámenes periciales, implica la inaceptable delegación de su magisterio, con resultados que muchas a veces son adversos a la solución justa del caso.

La experiencia confirma, en ese sentido, que los fallos terminan casi invariablemente atados a la opinión pericial, lo cual nos hace cuestionarnos el porqué no recurrir previamente a un dictamen de expertos neutrales, que logran así evitar muchas veces litigios interminables y costosos por añadidura, tomando en cuenta que finalmente es lo más probable que la resolución judicial seguirá esa línea.

Los resultados obtenidos utilizando en los casos que así lo requieran la evaluación neutral temprana o la llamada mediación evaluativa- predictiva, es del orden de 80% de acuerdos, según estadísticas de American Arbitration Association y CPR en Norteamérica o CEDR en Inglaterra los que contrastan con el magro 30% o 40% de la mediación meramente facilitativa que se practica predominantemente en Latinoamérica.

Valga aquí una aclaración. No necesariamente toda mediación puede y debe ser evaluativa-predictiva, pues ya se señaló que se trata de una excepción. Es así pues existen casos, como las disputas de familia, donde es menos aconsejable que el tercero exceda de su rol de facilitador de la comunicación.

El ámbito de la conflictividad comercial-médico o medio ambiental, sería y es uno de los más apropiado y aconsejado para su utilización. (Conf-CPR "Model Mediation Procedure for Business Disputes".)

Los dictámenes de expertos se constituyen como se ve cada vez más en instrumentos preliminares que facilitan el manejo fluido de las relaciones comerciales.

Resulta en consecuencia evidente la conveniencia y necesidad de conocer toda la gama de técnicas utilizables, cupiendole al estratega la decisión de cómo, cuándo y cuál de ellas utilizar, en forma alternativa, sucesiva o combinadas.

IX. ALGUNAS ESTRATEGIAS DE MANEJO DE LA CONFLICTIVIDAD EN CASOS COMPLEJOS O MULTIPARTES

Es la utilidad que engendra la concepción del conflicto como proceso, que insistimos en destacar, lo que nos habilita para identificar los distintos estadios o etapas de evolución de los mismos, permitiendo así la elección del método más para revertir el proceso o bien, y este es otro de los temas que pasamos a considerar, *prevenir* en etapa incipiente la emergencia de disputas.

Ello ha dado lugar a la creación de diferentes variantes, basadas en la actitud proactiva frente a la emergencia de cualquier diferendo o controversia tendiente a evitar la evolución de su potencial disociante.

Una de las que ha demostrado tener mayor eficiencia y tiene el más promisorio futuro para la *prevención* y *manejo* de disputas, es el método conocido bajo el nombre de "PARTNERING".

Dicho término, sin paralelo en una sola palabra del idioma castellano, indica no una acción sino una serie de acciones estratégicas tendientes a concientizar la interdependencia de quienes participan de un emprendimiento con necesidades y objetivos propios, pero involucrados en un objetivo común. Tal vez *"esquemas de asociatividad"* pueda aprehender la idea.

Inicialmente se utilizó, en casos de megaproyectos constructivos, en los que participaban empresas, contratistas, subcontratistas, sindicatos, Municipios, Ingenieros, arquitectos, propietarios afectados, ambientalistas, etc.

La inclusión consensuada contractualmente de un experto con cualidades y características de negociador, mediador u ombudsman, en etapas preparatorias y durante las obras permitió lograr el tratamiento inmediato de cada diferendo o incidente que se suscitaba, evitando que las demoras por incumplimiento, reclamos, huelgas o retenciones circunstanciales de obra demoren la consecución final en término, con el consiguiente beneficio para todos.

La efectividad de la técnica ha trascendido al ámbito quizás más conflictivo del planeta, Medio Oriente, contándose ya varios exitosos intentos en Egipto, Quatar y hasta en obras en que participan israelíes y palestinos financiados por organizaciones internacionales de ayuda para el desarrollo.

La invalorable experiencia de cumplir el rol de facilitador y mediador en medio, plagado de tensiones y violencia como fue Kososvo, fue el antecedente del ingeniero James Moore, que le permitió encarar el desafío de incorporar el "PARTNERING" en medios tan hostiles para minimizar los riesgos de los proyectos respectivos, dando un ejemplo y modelo de acción afirmativa de valor –no solo para algún caso especifico– sino con trascendencia positiva respecto de la problemática regional.

La efectividad de esta técnica se funda en que contribuye a generar el debido reconocimiento a la innegable interdependencia entre todas las partes, y logra su propósito haciendo prevalecer el objetivo final de bien común por sobre circunstanciales intereses contradictorios, o diferendos preexistentes.

A tal punto se va incorporando la idea de transformar la cultura signada por la competitividad, que el desarrollo de este método se ha difundido progresivamente a otros campos, y puede cumplir un rol esencial en casos de fusiones, joint-ventures o asociaciones complejas, además de obras públicas y privadas.

Han surgido últimamente, como equivalentes, algunas propuestas como las que se publicitan en seminarios cada vez más frecuentes, como "coaching" o "team building" teniendo bajo distintos nombres el mismo objetivo en común: superar los problemas del individualismo y la cultura adversarial que prevalece aún dentro de las organizaciones, incorporando el concepto de "equipo" en toda actividad colectiva que requiera eficiencia.

La utilidad y efectividad lograda con la aplicación del "PARTNERING" hace pensar, a título de ejemplo, en los beneficios que prestaría a un proceso tan necesario cuan dificultoso como es el caso de malogrados o incompletos como el Mercosur, evitando apresuradas medidas defensivo-ofensivas recíprocas, como las frecuentemente utilizadas.

Un intento de ese tipo parangonaría el éxito logrado por los grupos de trabajo franco-germanos que abonaron el terreno y despejaron las enconadas resistencias iniciales para la conformación de la realidad actual que representa la Unión Europea.

Tomamos como ejemplo esta modalidad de hacer frente a complicados emprendimientos con intereses muchas veces contradictorios para poner de manifiesto nuevamente que no consideramos los diferentes métodos como técnicas aisladas sino que es la combinación de las virtudes de cada uno de ellos la verdadera herramienta idónea para el manejo del proceso conflictual, y allí nos encontramos con la quintaesencia del "Conflict Management".

Si bien sostuvimos que el concepto mediador abarca múltiples variantes; formas o estrategias para la solución de disputas, en las que un tercero neutral tiene intervención, existe otro tipo especial de intervención, no ya para un caso en particular sino con carácter estable y permanente en una determinada organización o institución, al que se le ha dado en llamar "OMBUDSMAN ORGANIZACIONAL", otro de los métodos híbridos de singular suceso.

También ese rol requiere integridad, confidencialidad y flexibilidad, pero sin embargo se distingue del de un mediador o tercero neutral convencional por el hecho de que el personaje suele formar parte de una organización gubernamental o privada, aunque se le otorga autonomía total, de modo de permitirle tomar conocimiento de quejas, reclamos y otros diferendos dentro de la organización. Su misión consiste en dar el debido curso a tales inquietudes o desconformidades aplicando las técnicas apropiadas a cada caso.

La figura fue tomada del clásico ombudsman creado años atrás en Suecia, pero su versión en Estados Unidos de América, hoy en boga, difiere del clásico personaje.

Ellen Wasman y Howard Galdlin, quienes desempeñan esas funciones en las Universidades de Stanford y California respectivamente sostienen que aun existiendo sustanciales diferencias con el rol tradicional mantienen idéntica sensibilidad y compromiso con la integridad, equidad y respeto por la interacción de los individuos entre sí y con la organización.

Habiendo ya mencionado que las características de su función consisten por un lado en intervenir para evitar las dificultades e ineficiencias burocráticas, y por el otro darle a los miembros y/o consumidores de la organización una vía para expresar y dirigir sus preocupaciones y reclamos, vemos que ese rol es predominantemente de prevención de disputas y solo eventualmente de solución prematura de las mismas lograda a través del acceso del personaje a los órganos decisivos de la organización.

Las relaciones entre múltiples partes son las más frecuentes de las situaciones que nos presenta la vida en comunidad y el manejo de conflictos multipartes es uno de los más acuciantes desafíos de la actualidad. Los temas de medio-ambiente son el caso prototípico que pone en evidencia la ineludible consideración de la interdependencia y su concientización.

Una singular experiencia del gobierno de Estados Unidos durante la administración Clinton se produjo al crear una comisión presidida por el más conspicuo ecologista del momento conjuntamente con el presidente de Dow Chemical la cual tuvo inesperadas derivaciones.

Al poner en práctica en la mencionada empresa alguna de las enmiendas reclamadas de los ecologistas se comprobaron con sorpresa aumentos en los beneficios de la empresa a la par de la reducción drástica de reclamos por indemnizaciones, que formaban parte del riesgo asumido por ese tipo de riesgosa actividad.

Una cantidad de conflictos en ciernes se convirtió en oportunidad de reingeniería empresaria.

En suma, el ombudsman funciona como un recurso prematuro, al que la gente recurre con sus conflictos, a los que tratará ya sea de disolver o bien referirlos a la vía más apropiada de solución.

Esta metodología está brindando ya excelentes resultados en diversos tipos de organizaciones, y en particular las de servicios públicos, y es otra muestra de la amplitud y adaptabilidad que señalamos como virtudes de estos nuevos mecanismos o procedimientos que proliferan ante el fracaso de los burocráticos organigramas adjudicativos intraorganizacionales o estatales.

No debemos dejar de tener en cuenta que la propensión a dirimir los diferendos con sanciones disciplinarias o sumarios predomina no solo en el sistema judicial sino también en las instituciones de todo tipo, siendo una probada causa de ineficiencia por no generar estímulos a la cooperación y reprimir la potencialidad de los subordinados.

Hemos insistido por eso en la ventaja de preservar las fluidas relaciones dando adecuada y definitiva solución a los inevitables conflictos, lo cual no se logra dirimiéndolos con ganadores y perdedores ni ignorándolos.

Caso IV: El medioambiente agitado
(*Según relato de los mediadores Enrique Olivera y Patricio Zavalía Lagos*)

Se trataba de un conflicto generado por los pescadores que operaban en la bahía aledaña a la ciudad de Guayaquil (Ecuador), quienes imputaban a las plantaciones de bananas la desaparición de las especies que usualmente recogían del mar.

La contaminación de la aguas por el uso, por parte de agricultores, de pesticidas y otros agroquímicos, era la causa aparente de la muerte de esas especies.

La escalada:
Comenzaron a producirse agresiones y enfrentamientos de grupos armados de ambos bandos, a punto de generar víctimas fatales, y la disputa se extendía a toda la comunidad, que tomaba partido por una u otra parte.

La estrategia:
Por feliz coincidencia, una precursora del uso de la MEDIACIÓN en temas de medio-ambiente, radicada temporariamente en Ecuador, Yolanda Karabatse, propuso a las partes una tregua y la designación de dos prestigiosos neutrales extranjeros, que fueron aceptados.

Comenzaron por conocer las posiciones recíprocas, tras lo cual requirieron la consulta con EXPERTOS técnicos que determinaran el posible causante de la depredación. En el ínterin se mantuvieron reuniones conjuntas en las que se utilizaron técnicas de comunicación experimentales diseñadas por la referida especialista.

El informe de los expertos neutrales:
Para sorpresa de las partes surgió de la investigación técnica que la principal contaminación provenía de las aguas servidas que evacuaba el Municipio de Guayaquil, y solo en menor medida los pesticidas hallados en el agua originados por los agricultores.

Lo insólito del hallazgo fue que dichos pesticidas estaban prohibidos en los países de origen de los fabricantes y vendedores del producto.

La resolución del caso:
Se convocó a participar de proceso al gobierno Municipal, que al conocer el informe de los ex-

pertos aceptó tomar medidas para controlar y depurar los fluidos, y por su parte los agricultores cambiaron el producto tóxico por uno permitido en los países desarrollados, firmándose un acuerdo general.

Tiempo después se comprobó que se incrementaba la cantidad de especies, recuperándose el valor de ambas explotaciones, que componían una de las principales explotaciones del país.

Beneficio secundario:
No solo se consiguió restablecer la paz y la armonía en la comunidad, sino que además se dejó de usar el producto altamente tóxico, y se inició un reclamo contra la empresa multinacional vendedora del producto, de uso prohibido, reconocidamente nocivo, cuyo resultado aun se desconoce.

Vale este caso para ejemplificar la utilidad de recurrir a distintas técnicas, que, como se comprobó, coadyuvaron para darle a todas las partes involucradas una solución que hubiera sido impensable recurriendo al sistema judicial, tanto por el tiempo que requeriría como por la multiplicidad y complejidad de demandas, contrademandas y causas penales que hubieran provocado, aparte de la paralización de la productividad que parecía ya inevitable.

X. Resolución de disputas en el ciberespacio

El ejemplo más impactante de las antípodas entre un sistema poco maleable y los métodos más flexibles es la veloz aparición de los métodos llamados ODR (Online Dispute Resolution) para acompasarse con los requerimientos crecientes del uso del ciberespacio, en especial el Comercio por Internet.

Tan rápido fue ese acompañamiento que ya en 1996 David Johnson, un abogado de Washington creó el Sistema de Magistrado Virtual, como una forma de arbitraje, al tiempo que una especie de mediación operaba bajo el nombre de Online Ombuds Office y emergían otros experimentos como el Cybertribunal de la Facultad de Derecho de la Universidad de Montreal, primera versión de e-resolution para el e-commerce.

Esos pioneros experimentos se extendieron al ámbito de las compañías aseguradoras que utilizan las "propuestas a ciegas" (blind bidding models) para solucionar reclamos. Una compañía denominada Square Trade comenzó a operar en varios mercados virtuales, y las grandes proveedoras institucionales, American Arbitration Association y CPR no sólo incorporaron la tecnología sino que avanzan en la consolidación y delimitación de las herramientas.

El más exitoso uso se comprobó en el ámbito de los nombres de dominio de Internet, llegando en esa área a instituirse por parte de la Organización Mundial para la Propiedad Intelectual (OMPI) un sistema al efecto que funciona a plena satisfacción de los usuarios. Hoy los mayores esfuerzos, incluyendo los gubernamentales se dirigen a la instrumentación de mecanismos de protección al consumidor de productos por Internet (B to C) por esa vía.

La Cámara Argentina de Comercio ha reconocido y participado de esa inquietud, concretando con el apoyo del Banco Interamericano de Desarrollo a un proyecto elaborado por Horacio Zapiola Pérez y el autor de estas páginas, cuyo objetivo es conformar una Red Nacional de Centros de Mediación y Arbitraje que contarán con el hardware y software necésario para que en todos los Centros distribuidos en el país que conformen la Red resulte posible obtener los neutrales especializados y las condiciones para utilizar sea los métodos tradicionales o bien los de última generación.

No consideramos sin embargo prudente poner expectativas desmesuradas en los métodos tecnológicos puros, sino que los consideramos como otro complemento apto para ciertos temas específicos, tal cual ocurrió con la OMPI (Organización Mundial para la propiedad Intelectual).

La tecnología en sí, sin embargo, podrá ser de gran utilidad en toda la fase administrativa preparatoria de la mediación o el arbitraje, lográndose a través de ella concertar los encuentros o procedimientos con mayor economía de tiempos, traslados, etc.

Al contraponer las novedades introducidas por la informática y su inmediata expansión en el área de resolución no confrontativa de diferendos, con el rígido sistema jurisdiccional queda en evidencia la atribución de disfuncionalidad adaptativa dicho sistema en tanto y en cuanto monopólico, y la necesidad imperiosa de adecuación a la realidad del resto del arco socio- económico y político, en que el Estado cede progresivamente roles a la esfera privada, a la vez que se reserva y potencia sus áreas indelegables, siendo la Justicia una de ellas. Pero en complementación con los diferentes métodos más adecuados en primera instancia quedando solo como recurso de última instancia en el ámbito donde la autonomía de la voluntad es facultativa.

En suma un sistema judicial autorrestringido, pero, de tal modo, con posibilidad de cumplir sus roles privativos con más eficiencia, y más aún, a tiempo, porque obtener un fallo a los 5, 10 o 20 años carece de sentido.

TERCERA PARTE

I. Mecanismos de supervivencia de los conflictos. Obstáculos a superar en la negociación

Enfrentar a un sistema complejo adaptativo como es el caso del proceso conflictivo no puede reducirse a un método con formas regidas o predeterminadas, por más exitosos que haya sido, porque sería como pretender que la medicina se limite a usar la sulfamida o la penicilina ignorando la maleabilidad de las bacterias y sus mecanismos de defensa y adaptación.

Insistimos por ello en la conveniencia de contar con toda la versatilidad y creatividad posible al momento de encarar el desafío, sin desdeñar a priori ninguna de las formas o métodos conocidos.

Un paso previo, sin embargo, será contar con la información necesaria, y conocer los mecanismos de supervivencia de los conflictos, que es el próximo tema a desarrollar, pues se trata de un aspecto vital que debemos tener en consideración a la hora de emprender el camino reversor.

Nos referimos a los obstáculos, barreras o dificultades, que se presenten al negociar o intentar una salida airosa de la trama del proceso conflictivo ya devenido en disputa o confrontación.

Dichas dificultades pueden ser de índole cultural, psicológica, táctica o institucional; y descubrir su presencia será fundamental para la consecución de los objetivos propuestos.

Toda investigación tiene trama similar a una novela policial, pues en esencia la búsqueda de una solución pasa por recoger datos, elaborar hipótesis y encontrar las claves que permitan acomodar esos datos como en un rompecabezas hasta que alguna de las hipotéticas formas coincidan con la realidad del fenómeno o acontecimiento que se pretende develar o reconstruir.

Las claves permanecen ocultas hasta que, a través de la búsqueda se van mostrando ya sea sutil y parsimoniosamente o de forma tan abrupta y sorpresiva como el caer de la manzana de Newton.

Los obstáculos o barreras que vamos a describir tienen también –cada uno– implícita la forma de superarlos, de manera que al conocer, encontrarse y reconocer alguno de esos tipos de vallas la solución tendrá una incógnita menos y la posibilidad de acuerdo devendrá más cerca, con el agregado de alguna dosis de ingenio y creatividad.

1. Vallas culturales

Las diferencias conceptuales y actitudinales respecto del conflicto que se manifiestan entre uno y otro grupo social o étnico constituyen uno de esos tipos de escollos.

Ya Max Weber (27) advirtió la trascendencia e influencia de determinadas creencias y actitudes en el respectivo comportamiento atribuyéndoles ser la causa del progreso, estancamiento o decadencia de ciertas comunidades. La misma relación causal tiene la disímil disposición para enfrentar crisis y conflictos con el respectivo resultado de la performance individual o empresaria.

El contraste entre la miseria en que sumió al continente europeo su inverterada propensión a dirimir por la fuerza o la compulsión los diferendos hasta mediados del Siglo XX, con la opulencia de la comunidad que sobrevino cuando cambió el modo de manejo de los mismos es la más clara demostración del efecto de una y otra predisposición cultural.

Así como le asignamos importancia como causa determinante de la conflictividad, la errónea conceptualización de la esencia del conflicto constituye una dificultad de suma trascendencia, cuya incidencia amerita una preferente atención.

En tal sentido debe tenerse en cuenta que en general se advierte una señalada aversión al conflicto, que contribuye a rehuirlo, negarlo y asignarle un carácter pernicioso.

La consecuencia –y allí se encuentra un aspecto esencial de nuestra tesis– es que paradójicamente se incentivan así los mecanismos reproductivos y agravantes de los diferendos, generándose más disputas, litigios o incluso instancias bélicas de cada vez más dificultosa resolución.

La falta de respuesta a reclamos, necesidades o disturbios emocionales tiende a generar la escalada de los mismos con reacciones agresivas que trascienden al llamado de atención originario.

La propia huida o apatía, lejos de aplacar al reclamante lo enerva y ante la falta de atención se producen los consecuentes desbordes. (Parangona así la conducta humana a los fenómenos físicos, que muestran como la calma es precursora de la tempestad.)

Reconocer, por tanto, al encarar un conflicto o cualquier tipo de negociacion si existen características culturales divergentes nos permitirá evidentemente un abordaje con mayores probabilidades.

Es importante hacer notar que las diferencias no solo existen entre megasociedades tan significativamente diferentes cual podrían ser las orientales u occidentales, sino que distintos parámetros subculturales coexisten en un mismo país o incluso en una misma ciudad.

Allí encontraremos actitudes y creencias características distintivas de determinados grupos sociales o categorías como ser civiles, militares o profesionales.

Costumbres, señales o gestos amistosos para unos pueden resultar ofensivos para otros, dado que existen códigos propios de una clase social que no son siquiera comprendidos por miembros de otra, y lo mismo ocurre con los modismos de las nuevas generaciones que, desde siempre, han contribuido a la famosa incomprensión con sus mayores.

Aun dentro mismo de las empresas e instituciones se generan normas o actitudes que configuran con el tiempo tradiciones propias de una subcultura empresaria, profesional o estatal.

La fusión del Deutsche Bank con una institución financiera norteamericana colapsó en menos de un año por incompatibilidades de esa índole, y variados ejemplos abundan sobre malos entendidos entre dirigentes japoneses y occidentales, por mencionar solo los que emergieron cuando se hicieron más frecuentes los emprendimientos institucionales mixtos a partir de la apertura del coloso nipón al comercio mundial.

(conf. "CROSS CULTURAL BUSINESS NEGOTIATIONS", Hendon, Hendon & Herbig – en Internet *www.executiveplanet.com*)

Vale aquí recordar la sabia premisa de todo negociador o mediador, que requiere una eficaz preparación e información previa por lo que las particularidades, creencias y consiguientes diferencias entre las partes involucradas tienen que recibir cuidadosa consideración. Las modalidades de diálogo entre latinoamericanos, anglosajones u orientales son ejemplos notorios de sus disímiles idiosincrasias.

Mientras que los orientales intercalan un silencio prolongado entre cada intervención (____ ······ ____ ·······) los anglosajones esperan que el interlocutor finalice para contestar (——____——____——) en tanto los latinoamericanos superponen su conversación a la del interlocutor (———____ ————____————) lo cual evidentemente perturba y entorpece las comunicaciones recíprocas a la vez que se desconciertan totalmente unos con silencios erróneamente interpretados, asunciones infundadas y otros con supuestas descortesías.

Otra muestra de la diferente concepción de la naturaleza del conflicto es la libertad para elevar el tono de la discusión durante el regateo, aplacada por amables conversaciones y comidas compartidas entre una y otra confrontación, que es tan habitual en Medio Oriente como inaceptable en países nórdicos, así como la condicionante Centro-Americana de una comida previa al inicio del proceso de negociacion.

Lo que antecede es solo una muestra de los posibles malentendidos entre diferentes contratantes o circunstanciales contrapartes por los llamados relativismos culturales y constituye tanto causa de conflictividad como factor que impide la salida de su ámbito.

Las diferentes expectativas y formas de considerar las obligaciones contractuales son manifiestas incluso entre europeos y estadounidenses (Hendon, Hendon & Herbig Op. Cit) al punto que se dice que Inglaterra y Estados Unidos son dos culturas separadas por un idioma común. Y es que –como hemos señalado al principio– no todas las palabras de un idioma tienen igual significado en distintos países, localidades o incluso barrios de una misma ciudad.

En mayor medida, a quien quisiera intervenir en negociaciones o diferendos con miembros de países islámicos donde la "sharia" religiosa es el sistema normativo, imbuido de los preconceptos del organigrama jurídico laico occidental, sea Common Law o Derecho Continental, no se le puede augurar mayor suceso, y podría tener mejor suerte si en cambio se informara que allí existen ancestrales prácticas comerciales e incluso que en caso de diferendos muestran unas interesantes formas de mediación (mulakah) para solventar disputas. (Véase *Conflict Resolution in the Arab World*, op. cit.) (24)

A la vez que enfocamos sobre las dificultades que provienen de las disímiles actitudes y creencias propias de cada cultura o subcultura, vemos cómo aparecen aquí y allá formas prototípicas de mediar y arbitrar lo que les permiten el manejo de su conflictividad, que en algunos casos se manifiesta estentóreamente en áreas publicas como los mercados callejeros típicos.

Una comunidad multiétnica como la de SRI LANKA, donde conviven sinhaleses, tamiles, moors y otras minorías con diferentes lenguajes, cuatro religiones prevalentes y un sistema jurídico románico, resabio del colonialismo portugués y holandés, mechado de common-law y tradiciones ancestrales, subsiste y se adaptó sin dramatismo merced a la subsistencia de sus tradicionales cuerpos locales de pacificación, transformados en 1958 en "Conciliation Boards" y finalmente "Mediation Boards" impuestos finalmente por ley en 1998 (fuente GOONSEKERA & METZGER. "Journal of Ceylon Law" p.30).

El escritor chileno Jaime Collier narra en su libro *La Bestia en Casa*, una historia que es inequívoca demostración de las consecuencias funestas que puede acarrear la errónea interpretación de un simple gesto.

En 1912 los enfrentados búlgaros y malavos intentaban una tregua a la que el líder malavo supuestamente habría consentido frente a su rival y en presencia de terceros. Apenas un día después sus hombres avasallaron un cuartel búlgaro, y provocaron una masacre de la población civil violando la tregua que en apariencia había aceptado su líder.

Años después, un periodista investigador por casualidad descubre que nuestro gesto de asentimiento moviendo hacia arriba y hacia abajo la cabeza, que pareciera universal, ese pueblo lo utilizaba con sentido negativo, y por tanto *el acuerdo no había existido*.

Las conclusiones sobre los mencionados ejemplos huelgan.

Tomar en cuenta las múltiples dificultades que presenta la diversidad cultural, evitando presuponer que los demás comparten nuestras costumbres y creencias, es la base para superarlas.

2. Barreras psicológicas

Aunque conexas con las culturales a que antes nos refiriéramos, la clave de este tipo de condicionamientos está puesto en la subjetividad y las personalísimas desviaciones cognitivas y motivacionales que distorsionan las realidades fácticas e impiden percibir las ventajas que pudieran derivar de eventuales acuerdos.

Obviamente no hemos de agotar la enorme variedad de tipologías que inhiben la salida del proceso conflictual, sino referirnos a las más comunes y relevantes, entre las cuales una, la existencia de temores, fundados o infundados, originante de todo tipo de secuencias defensivo-ofensivas, es la que presenta mayores desafíos para su erradicación.

El terreno más propicio para desencadenar *miedos y fantasías persecutorias* es atribuible a la ausencia total o vicios de la comunicación, por lo que, ante el desconocimiento de las reales intenciones de los adversarios se retroalimentan los fuegos artificiales con que se anuncia la disputa (amenaza, intimaciones, telegramas, etc...).

En la escalada reactiva consiguiente, agravada por dicha incomunicación, se funda en gran medida la tendencia reproductiva y expansiva de los conflictos.

Ha sido, al respecto, ampliamente reconocido como infructuoso el intento de convencer o procurar cambiar las opiniones y actitudes del oponente, no obstante lo cual frecuentemente se desgastan ingentes recursos y energía en el intento, con los malos o magros resultados consiguientes.

La probada inoperancia de los contrapuntos verbales o escritos, magistralmente descriptos por Deborah Tannen (28) en su libro "The Argument Culture" demuestran que sólo se consigue con ese tipo de debate reforzar las posiciones recíprocas. Por nuestra parte acotamos que se trata de un mecanismo similar al principio físico relacionante de acción y reacción, que verifica un incremento igual y contrario de la fuerza repelente a toda fuerza opuesta proveniente de la contraparte, lo que proponemos verificar, pidiendo a los lectores que intenten oponer las palmas de ambas manos frente a frente, intentando forzar una a otra. ¿ Es acaso posible?

Roger Fisher y Alan Sharp (op. cit.) advierten en su libro "GETTING IT DONE" la importancia de esa barrera y sugieren atravesarla mediante el uso del "liderazgo lateral", consistente en obviar palabras y sustituirlas por acciones ejemplificadoras de pasos aptos para mejorar la comunicación o reconocer intereses comunes, asumiendo de tal modo iniciativas que concluyan en la aceptación del liderazgo no instituido. El subtítulo del mencionado libro es por demás expresivo y dice "Cómo liderar cuando no se está a cargo".

Citan allí el ejemplo del CEO de una importante cadena de Televisión por cable, quien reiteradamente veía la alfombra frente a los ascensores despegada del piso y con riesgo de provocar caídas a quienes salían de los elevadores.

Decidió, luego de comprobar que nadie lo hacía, arrodillarse frente a un grupo de empleados y colocar un pegamento para fijar la alfombra.

En el acto todos los presentes le pidieron que los dejara hacerlo y ante su insistencia dejó a cargo de ellos la tarea y se retiró.

Podrán imaginarse el efecto en todo el personal de ese simple gesto y la repercusión que tuvo en el comportamiento del grupo de ahí en más.

En ese orden de ideas, y advirtiendo que las resistencias que se oponen provienen de estructuras del inconsciente (temores, miedos, fobias) se ha comprobado que el uso de acciones simbólicas o estrategias indirectas como el uso de anécdotas humorísticas permite soslayar las corazas y defensas predispuestas frente a los argumentos racionales apuntando hacia el inconsciente, donde anidan los sentimientos o raíces profundas que constituyeran esas estructuras defensivas.

La experiencia es generalizada entre quienes han intentado razonar con personas circunstancial o habitualmente afectadas por pánico o simples temores, reales o ficticios.

Al no tomar en cuenta que los bloqueos están concentrados en lo verbal y lo racional, terminan frustrados y con una sensación de impotencia total.

Los más ancestrales temores, por tal motivo, dieron origen al uso de símbolos o metáforas, y no por casualidad la humanidad ha sido guiada para superar los mismos por tales mensajes indirectos, metáforas o parábolas que encontramos en las sagradas escrituras, símbolos y mitos de diferentes culturas o credos. (Jung, op. cit.)

La universalidad y supervivencia de tan indirecto abordaje confirma que forma parte de la naturaleza humana la preexistencia de esa clase de resistencias y obstáculos para levantar las barreras con que tal cerrazón se manifiesta, a la vez que indica el camino apropiado para el manejo de situaciones conflictivas.

La índole preponderantemente competitiva y esencialmente controversial de la cultura y de la educación prevaleciente se constituye en factor determinante de la animosidad con que se desenvuelven los normales diferendos de intereses.

A título de ejemplo, la mayor parte de las escuelas de abogacía centran su enseñanza en litigar, lo cual requiere el uso de fundamentos, réplicas y contrarréplicas mientras que poca o ninguna importancia prestan a la verdadera función del derecho. ¿Acaso no es misión del sistema jurídico en los Estados laicos proveer y garantizar la armonía y la Paz social? ¿No produce propensión a litigar una deformación profesional con efectos contraproducentes?

Hagamos la salvedad que al hablar de deformación ponemos de relieve un fenómeno y una realidad que es común a todas las profesiones, pues cada una de ellas genera modelos actitudinales propios y característicos del entrenamiento que reciben.

Dichas particularidades los caracterizan y distinguen, pero a la vez en última instancia pueden resultar tanto funcionales como disfuncionales para la comunidad, en función de su adaptabilidad o inadecuación los renovados requerimientos que los cambios en la sociedad van imponiendo.

Cuando son disfuncionales, la crítica surge en la opinión pública recayendo en quienes ejercen la profesión o función respectiva, indicando la demanda de transformación necesaria.

En tanto no se preste atención a ese reclamo se multiplican las vallas y confrontaciones.

La predisposición a descalificar y rebatir los argumentos de la otra parte incluso fuera del ámbito del litigio se constituye de por sí en un obstáculo para la búsqueda de intereses comunes, o posibilidades ajenas al marco del debate.

Eludir en lo posible ese debate es la clave para generar opciones, lo cual no es tarea fácil, y requiere de habilidades para desviar el rumbo de la interacción establecida, sea con creatividad, humor o técnicas del estilo propuesto por Edward De Bono con sus famosos sombreros. Sugiere este creativo autor organizar los debates dividiendo en etapas el mismo con estas consignas. Tratar independiente y sucesivamente la descripción del problema, los riesgos, las propuestas, las ventajas, las críticas y en suma evitar la caótica superposición de temas que impiden tomar decisiones en común, para lo cual se requiere que todos se limiten a hablar sólo de la consigna de turno dejando para la etapa ulterior las observaciones respectivas.

Un simple ejercicio de auto-observación es útil para comprobar acabadamente que en el calor de una discusión la atención al otro se centra en los detalles que pueden rebatirse perdiéndose así el resto del contexto o aspectos vitales más de una vez.

PREJUICIOS. La existencia de preconceptos ya hemos visto que es parte indisoluble de la realidad cotidiana y fuente de las más acérrimas desavenencias. Las distorsiones que salen a la luz a raíz de los trágicos atentados y sus secuelas con que se inaugura este milenio nos recuerdan que el oscurantismo está lejos de haber desaparecido.

Siempre existen lecciones sobre la conducta humana, aún ante las más críticas situaciones, por lo cual si bien estamos tratando aquí un microcosmos diferente del vendaval de furia desatado, el foco en los efectos de los prejuicios aparece como una materia primordial y sus aspectos esenciales, estudiados desde hace tiempo a partir del trabajo precursor de Gordon Allport (*La naturaleza del Prejuicio*, EUDEBA) merecen continua consideración.

Los juicios apriorísticos sobre "los otros" son más que habituales y configuran una constante derivada de la falta de interacción directa o conocimiento real no sólo de los contrincantes sino de sus intenciones. Las más de las veces estas son distorsionadas como fruto de una fértil imaginación y no fundadas en indicadores objetivos, por lo que es menester atravesar la valla de toda consideración apriorística para evitar su potencial disociante.

Tal tendencia a catalogar o suponer sin basamentos concretos se exacerba en las situaciones conflictivas llevando a consecuencias irracionales en más de una ocasión como los trágicos episodios de Historia reciente y pasada han mostrado.

La detección de prejuicios, por lo tanto, resulta esencial, y es mediante el relacionamiento directo entre las partes que se logra instaurar el proceso virtuoso. La mediación u otras estrategias suelen operar fructíferamente, en tanto incorporan la dosis de objetividad necesaria para aventarlos.

Promover y prolongar a esos efectos el contacto personal es apto y necesario para sacar a la luz la realidad, oculta como consecuencia de imágenes distorsionadas por el distanciamiento o la incomunicación previa.

La experiencia propiciada en la década de 1960 cuando hacía crisis el conflicto interracial preñado de prejuicios en Estados Unidos, consistió en promover y exigir el acceso a los hombres y mujeres afroamericanos, latinos y de ascendencia europea a escuelas y trabajos compartidos. En poco tiempo el contacto e interacción lograda redujo drásticamente los incidentes interraciales, creando un modelo de manejo y prevención de conflictos de singular utilidad, que recibió la denominación de "affirmative action".

Lo que era inimaginable hace 30 o 40 años, la existencia de miembros de minorías étnicas entre la clase dirigente, convivencia armónica y matrimonios mixtos, es normal y no causa sorpresa actualmente.

Su significativo éxito es en gran medida inspirador de nuestra tesis que promueve la respuesta activa y estratégica como respuesta al desafío del conflicto en contraposición con la meramente pasiva o reactiva, pues es de tal modo que se superan las barreras.

No olvidemos que la inacción es como la calma profunda que activa la tormenta.

LA SELECTIVIDAD PERCEPTIVA. Es este un fenómeno exhaustivamente tratado por la psicología social, que explica las razones de la diferente apreciación que distintas personas tienen respecto de los mismos hechos e incluso del propio entorno o hasta un simple paisaje.

Es que en el proceso de internalización de la cultura se configuran preferencias y patrones de percepción por los cuales se focaliza la atención sobre aquello que por sus específicos intereses o formación cada individuo selecciona. Algo así como limitarnos a ver lo que queremos ver o bien lo que nuestro equipamiento selecciona dentro de un campo de ilimitados y variados estímulos.

Otra forma de expresar el fenómeno es a través de la frase popularmente conocida "de acuerdo al color de los anteojos que llevamos puestos".

Un investigador de aves advierte detalles que un simple transeúnte ni siquiera registra, y lo mismo que ocurre con síntomas o manifestaciones que un médico o científico identifica y categoriza en tanto no son significantes para otros, o con los famosos guías indígenas que perciben e interpretan señales que pasan absolutamente desapercibidas para otros.

La incidencia de los intereses o temores de las partes involucradas en el conflicto que tiñe su percepción de la realidad conduce también a su distorsión y esa es la razón fundamental para justificar la intervención de terceros neutrales, para superar la dificultad u obstáculo que configuran las opuestas percepciones de las partes, generalmente tan lejos una como otra de las reales circunstancias fácticas o posibilidades del caso.

Edward de Bono amplió ese concepto al sostener que la inteligencia no implica necesariamente pensar adecuadamente mencionando que investigaciones realizadas en la Universidad de Harvard demostraron que *los errores de pensamiento son en realidad errores de la percepción, y no de la lógica* porque la mayor parte del pensamiento se origina en la percepción, concluyendo *"...si la percepción es equivocada, no importa cual sea su lógica, el resultado será erróneo"*.

Tales condicionamientos cognitivos o motivacionales constituyen quizás, el principal objetivo de la mirada de quien quiera actuar con efectividad frente a un conflicto, incluso y en especial, en el caso propio, aceptando que es la falibilidad patrimonio común de la humanidad, y no las certezas.

3. Desvíos actitudinales

Si bien ya nos hemos ocupado de la selectividad perceptiva en general existen ciertas clases de desviaciones que específicamente se producen en el transcurso de la interacción negocial, que precisamente por ser relacional trasciende de la apreciación del fenómeno a nivel individual que antes hiciéramos.

En estos casos se trata de actitudes prototípicas de quienes discuten valores o transacciones económicas, cuya importancia y arraigo en los seres humanos ha determinado que la ciencia que estudia la economía, pusiera especial interés en los efectos de estas propensiones.

Las leyes de la economía de mercado se fundamentan en la conducta de proveedores y consumidores y la controversia entre los economistas se centró en los últimos años en dilucidar si las decisiones del público son racionales o irracionales, y pareciera según veremos que el ultimo ingrediente prevalece en la mayor parte de los casos.

La importancia que tiene para esa disciplina también la tiene para quienes participamos de esa macrorrealidad en cada negociación o transacción, chocando con los diferentes puntos de vista que alejan a unos y otros de los términos reales y objetivos del caso.

La DEVALUACIÓN REACTIVA es uno de esos desvíos y se manifiesta como reacción negativa y descalificadora apriorística frente a cualquier propuesta o concesión que proviene de la parte contraria, a la cual no solo se le resta valor sino que se presume que implica algún tipo de ventaja para el oferente y poca o ninguna para el receptor.

Demás está decir que tal reacción no se funda en análisis fundamentado alguno, sino que participa, junto con las otras respuestas que describiremos, del ámbito del inconsciente, quizás inherente a la mismísima naturaleza humana.

Valga agregar a ese respecto que por estar involucrado un conflicto en la interacción, los miedos y la desconfianza implícita pueden ser agravantes de la activación de estos mecanismos.

El mismo o parecido mecanismo hace que los individuos, en determinadas circunstancias, tiendan a restar valor o hasta rechazar lo que tienen disponible, mientras que desean y llegan a venerar aquello que les es negado o está fuera de su alcance.

El profesor Lee Ross (30) se apoya para el análisis del fenómeno, en investigaciones y estudios realizados durante la guerra fría en EEUU, donde se presentaban al grupo investigado distintas propuestas de desarme nuclear resultando que el 90 % las consideraba equitativas o convenientes si provenían del líder de su país, 80 % las valoraba positivamente si eran atribuidos a un neutral y solo 44% lo consideraban aceptable si provenía de los líderes de la URSS.

Muchas otras pruebas arribaron a conclusiones similares y nos alertan sobre la dificultad emergente que la considerarían erróneamente negativa de propuestas y concesiones de la contraparte especialmente cuando la tensión, el encono y la desconfianza son manifiestos.

Paralelamente se comprueba que dicha reacción refuerza o provoca las "líneas duras" en ambas partes entorpeciendo el proceso que permita reconocimientos recíprocos.

Recurrir a un tercero neutral como vehículo de las propuestas es una de las formas de superar este y otros obstáculos de la misma etiología.

LA SOBREVALUACIÓN DE LAS PROPIAS POSIBILIDADES es una conducta complementaria con lo antes tratado y se constituye en otro obstáculo habitual y significativo para tomar en consideración.

Como tal desvío es generalmente recíproco mayor es su incidencia en el incremento de las distancias, ocasionando una escalada del proceso hacia instancias más adversariales

Prestigiosos investigadores como Kahneman y Tversky (32) señalan que también incide esa sobreestimación el hecho que cada parte tenga mayor acceso a su propia información y en cambio restricciones a conocer la contraria.

No obstante, la tendencia a sobrevalorar aquello que se posee es por demás común en negociaciones no habituales.

No es el caso del comercio de las mercaderías o bienes de cambio, pues tales transacciones tienden a realizarse más objetivamente, aunque también se suele encontrar personajes que otorgan un mayor valor relativo a su posesión, dinero o mercadería especifica según el grado de necesidad del otro.

A esto se le agrega como complicación adicional el hecho, común en organizaciones gubernamentales o privadas, en las que las líneas jerárquicas prevalecen, que los funcionarios o asesores tienden a avalar, sustentar o simplemente acatar sin cuestionamientos las apreciaciones o posturas del Superior Jerárquico, fenómeno que lamentablemente podemos comprobar a diario.

Más grave y determinante aun es el hecho que los entornos, votantes o la opinión pública ejercen presión sobre los negociadores instándoles a adoptar posturas irracionales a fin de no perder imagen entre sus comitentes, aunque la postura resulte en rupturas y pérdida de oportunidades por ser de imposible aceptación por la otra parte.

Los cuantiosos y perdurables casos de disputas territoriales insolutas son muestra inequívoca de la vigencia de estos obstáculos y su efecto agravante multiplicador de los conflictos, que van incorporando cada vez nuevos motivos de animadversión y retaliación.

Las distorsiones cognitivas de estos tipos de conductas configuran una variable habitual y un peligro latente que habrá de manejarse con la más refinada estrategia, facilitada por el conocimiento de estas condiciones propias del ser humano en relación con sus congéneres.

AVERSIÓN A LA DERROTA: Contra todo lo que uno pudiera suponer en base a la hipercompetitividad reinante, las preferencias por resultar vencedor en cualquier tipo de negociación o enfrentamiento son superadas por una pulsión más poderosa : La resistencia tozuda a toda posibilidad de sentirse vencido por el oponente.

La ciencia y arte de la negociación ha enfatizado y verificado que aún en casos que resulta manifiesta la ventaja recíproca de una propuesta, la misma es rechazada cuando una parte tiene la sensación de haber sido derrotado.

La parte que por esa razón no asume su eventual y supuesta derrota, lo haría en el caso de percibir que la otra parte no "gana" a su costa o bien si reconoce que ambos pierden.

La experiencia indica que en estos casos se tiende a optar aún por pérdidas mayores y eventuales en el futuro por rechazar pérdidas ciertas actuales pero de menor envergadura, irracional respuesta de la que una mirada cotidiana nos brinda múltiples ejemplos.

El generalizado estereotipo del ejecutivo competitivo es el que patentiza y agudiza esa aversión a aparecer vencido por su oponente no solo frente a sí mismo sino principalmente frente a sus superiores, aún cuando las ventajas de una concertación fueran ciertas, es uno de ellos.

El caso se manifiesta también con frecuencia en los abogados litigantes, que también asumen frecuentemente el riesgo de un resultado incierto y a largo plazo, desechando en el camino eventuales concesiones que devalúen sus predicciones previas, incidiendo aquí también la eventual expectativa de mayores ingresos.

Esas conclusiones fueron ratificadas por los mencionados trabajos y experiencias de Kahmeman y Tversky en la escuela de Economía de la Universidad de Stanford, aunque aclaramos aquí que en tales análisis juega un rol preponderante el sistema de remuneración propio de los abogados norteamericanos.

Este síndrome, si es que así pudiéramos llamarle, ha sido verificado por estos prestigiosos economistas, quienes al mismo tiempo concluyeron que toda reducción del precio es percibida por el vendedor de un objeto como una pérdida y no así el aumento sufrido por el comprador, que no siente como propio lo que aun no adquirió.

Para contrarrestar esta barrera, es aconsejable procurar de alguna forma que se evidencie algún tipo de frustración o pérdida en la propia parte para aumentar las posibilidades de aceptación a una reducción de la oferta.

Las negociaciones más efectivas, entonces, son las que pueden hacerse tomando en cuenta estas características tan comunes.

Por ejemplo, aquellas que permitan minimizar las pérdidas del oponente al optar por otras alternativas, que a menudo pueden encontrarse.

LA COMPULSIÓN POR OBTENER JUSTICIA Y EQUIDAD: Manifiestamente ligada a la individual concepción y situación del sujeto, ha sido desde largo tiempo atrás motivo de múltiples investigaciones. Se comprobó en ellas una tendencia a descartar incluso opciones favorables con evidentes ventajas, aún en el caso de no existir otras opciones válidas, cuando tales opciones son percibidas como inequitativas. Trabajos de Homans en 1961 (33), Adams en 1965 (34) y posteriores de Berkowitz y Walter referenciados por el profesor de Harvard Robert Mnookin (35) confirman esas reticencias y dificultades para la solución de controversias.

La pretensión de obtener una solución que aparezca como haciendo justicia por un daño o lesión es generalmente de índole subjetiva y por lo tanto requiere tanto de proveer parámetros objetivos como contención emocional dado el caso.

La ligera interpretación de normas jurídicas, soslayando los precedentes más abarcativos y relativizantes es también frecuente, y constituye un aditamento a esa especie.

No es extraño encontrar "expertos" que sustentan paladinas teorías con infundada convicción sobre la verdad jurídica.

Otro tipo de obstrucciones fueron comprobadas en experimentos realizados por Schwarze, Ochs y Roth (1991) quienes analizaron varios casos de división de un bien o sociedad entre socios en partes iguales.

Utilizando el "Juego del Ultimátum", en el cual se estipulaba que el rechazo de un participante implicaba la pérdida del todo para ambos, concluyeron que a medida que cada oferta se alejaba del 50% para cada uno aumentaba los casos de opción a perder todo lo propio antes de conceder ventajas al oponente.

La coincidencia de este síndrome con hallazgos de la antropología en pueblos primitivos, permite concluir que se trata de un rasgo muy característico y generalizado de la naturaleza humana.

Los pueblos primitivos, carentes de códigos escritos o tradición normativa, basaban su convivencia en la vigilancia recíproca de toda acción que implicara daño o violación de la voluntad de algún miembro de la comunidad. La reparación de la injusticia era exigida invariablemente por cualquiera de los integrantes del grupo, o bien por el conjunto.

Similar reacción se comprueba actualmente al leer cualquier periódico o ver noticieros en la televisión mostrando multitudes clamando por justicia frente a algún hecho dañoso, aunque no resultaran personalmente afectados.

Hasta lo que es irreparable, como ser la pérdida de un ser querido clama por una sanción al responsable como una forma de restablecer algún tipo de equidad.

Tales comprobaciones meritúan una muy cuidadosa consideración a la percepción que tengan las partes de lo que para ellos es justo o equilibrado para trabajar sobre esas percepciones con prioridad absoluta, pues las desviaciones suelen ser suficientemente importantes como para impedir toda transacción.

Existe una relación directa en el caso de negociaciones prejudiciales, que muestra cómo las mayores posibilidades de acuerdo existen en la medida que los pronósticos de los abogados respectivos sean coincidentes o aproximados, y a la inversa cuando mayores es la discordancia de sus expectativas – jugando aquí un rol las desviaciones que estudiamos – más se aleja la posibilidad de avenimiento entre las partes.

Otros estudios sobre la remuneración de trabajos conjuntos han demostrado la complementación entre el concepto subjetivo de equidad y la aversión a la derrota pues resultó notorio que ninguno aceptaba un grado menor de pago que los demás y menor era el porcentaje de los que pretendían estar por encima del resto. (Loewenstein, Thompson y Bazerman, 1989.) (36)

NECESIDAD DE REPRESALIA O VENGANZA: Ligada a lo anterior, esta característica se dice que es parte de la naturaleza humana y no solo explica la tozuda búsqueda de infligir a quien nos perjudicó o de cualquier manera provocó algún daño un castigo ejemplar sino también la pulsión y deseo de que cualquier acto criminal o antisocial no quede impune. Este sentimiento no solo lo experimentan los directos perjudicados sino cualquier congénere.

Que se trata de una condición innata fue comprobado por neurocientíficos de la Univerdidad de Winsconsin, USA ,dirigidos por el profesor Eddie Harmon Jones. Detectaron la activación inmediata de la corteza prefrontal izquierda cuando se insulta a esa persona, siendo dicha área la que reacciona cuando el individuo está hambriento y siente necesidad de alivio a su carencia, saciar su hambre.

Una ratificación indirecta de esa relación se dio en oportunidad que la Universidad decidió aumentar las cuotas, y la ira de los alumnos no cesó sino cuando lograron armar y entregar un petitorio solicitando la revisión de la decisión.

Las fantasías de venganza suelen sin embargo ser exageradas y los casos que han sido noticia en todo el mundo de niños o adolescentes burlados que provocan tiempo después una masacre de sus compañeros da una idea del mecanismo involucrado, detalle que no puede pasarse por alto por configurarse con asiduidad en mucha clase de disputas.

La respuesta no necesariamente debe ser directa, sino que las más de las veces el "vengador" puede expresarse en formas más sutiles y aparentemente quitar el saludo, muestras de desprecio, llegadas tarde, etc. Con ellas logra restablecer su equilibrio interno, y esta forma de paliar el sentimiento nos brinda una clave para sobrepasar estas barreras.

Encontrar la forma de sublimar la represalia es una herramienta a tener en cuenta para dar fin al conflicto generado.

Lograr el perdón es otra vía, y sus efectos son sorprendentes pues las más de las veces opera con mayor preponderancia que las indemnizaciones en dinero para reducir las ansias de infligir un daño compensatorio.

4. Barreras institucionales

Esta especie es muy variada y de especial trascendencia en el ámbito de las controversias con o entre organizaciones, corporaciones, naciones o estados.

Una de las principales vallas de este tipo son las constituidas por bloqueos de información entre áreas técnicas, financieras, directivas o consultivas, las que son a veces establecidas en el propio organigrama institucional.

Lo trascendente es que cuanto mayor sea la envergadura de la institución mayor es la distancia entre los operadores los factores de decisión y generándose por lo tanto la resistencia a tomar responsabilidad en las decisiones, por más racionales o muy positivas que fueran.

Es también el caso de abogados que representan a la institución quienes frecuentemente, por no tener contacto directo con los altos niveles tienen la propensión a librar siempre los casos a lo que resulte en una decisión judicial en lugar de promover una transacción, aun a costa de la posibilidad de pérdidas significativas.

A las dificultades emergentes de esa incomunicación cabe agregarle el eventual conflicto de intereses, tema candente hoy en día, que mereció múltiples análisis como el de Pratt y Zeckhouser, (37) quienes estudiaron la relación entre empleados, directivos de distintos niveles y abogados con respecto a sus principales detectando desde las más sutiles a las más notorias diferencias entre los intereses de ambos. Esto configura una complejidad adicional a una determinada controversia o disputa pues tanto el negociador como el mediador deben considerar la existencia de un doble mapa sistémico conflictivo a fin de interpretar los diferentes conflictos internos subyacentes y elaborar las estrategias de abordaje con tales pretensiones.

Los conflictos de interés o intereses contrapuestos como nos gusta llamarlos son un modelo prototípico de *conflictos latentes* que se mantienen silenciosa y encubiertamente hasta tanto sobrevenga alguna causa que provoca la salida del letargo y los hace manifiestos, con escándalos o promoción de litigios.

Los estudios experimentales previamente descriptos fueron también hechos en el contexto de países anglosajonas donde los abogados de las partes son remunerados por hora y consecuentemente tienen poco incentivo para cooperar, y sea consciente o inconscientemente, incurren en el desvío de sobrevalorar las propias posibilidades, lo cual no significa que lo mismo no ocurra en otros países cuyo régimen sea diferente.

Otra de las situaciones prototípicas se da cuando el conflicto se desata a raíz de algún error, omisión o involuntaria acción de un agente o administrador, que tiende posteriormente a encubrir tal circunstancia, burocratizando la decisión, agregándole complejidad y evitando el pase a sus superiores o el conocimiento de la falta por parte de los administrados. La derivación al área legal y su consiguiente judicialización diluye en el tiempo el origen del caso y pone el foco en una controversia entre otros.

Uno de los más reconocidos profesores de la negociacion, Robert Mnookin, (38) utiliza como ejemplo un caso en que se enfrentaban las petroleras Texaco y Pennzoil que tuvo lugar en 1998 en el cual los intereses de los directivos de la primera eran diametralmente diferentes de los que tuvieran sus accionistas, que preferían un rápido acuerdo para mantener certidumbre.

Los directores estaban comprometidos personalmente en el origen del caso, y su eventual liberación de responsabilidad dependía exclusivamente de obtener en un litigio un resultado definitivo favorable.

Varias firmas de abogados - designados por ellos - actuaban en más de una docena de complejos casos conexos, y todo culminó con una condena en contra de Texaco que superó los 10.000.000.000.- de dólares que finalmente tuvieron que soportar los accionistas.

La propia experiencia del que escribe ocurrió cuando le solicitaron intervenir en el caso de un grupo de empresas pertenecientes a un Holding multinacional que arrastraban media docena de juicios comerciales y penales durante más de cuatro años contra uno de sus ex directivos y otras empresas ajenas.

Ya llevaban cerca de medio millón de dólares de gastos legales y, sin solución a la vista del conflicto que involucraba a otros directivos de compañías del referido grupo, uno de los cuales propuso intentar una mediación.

El caso se había complicado al punto que hubo que recurrir a cuatro distintas mediaciones por la existencia de otros tantos demandados en los litigios entablados. Contrariamente a lo ocurrido en el caso Texaco-Penzoil, en tres meses se lograron acuerdos en todos los casos y pudo evitarse un daño mayor a los accionistas, que a la vez tomaron conocimiento de varios conflictos de interés que venían afectando la rentabilidad de las empresas.

5. Barreras tácticas

Otro tipo de barreras son estas, que se configuran, sea en actuaciones individuales con intención de demostrar firmeza, probidad, generosidad o fortalezas, o mediante la elección de un representante con la "imago" que amedrente al oponente.

Más de una vez se habrá oído el mensaje "te las verás con mis abogados"o "te veré en la Corte" con tales intenciones.

Demás está decir que, al desentrañarse la estrategia, no sólo se pierde el resultado pretendido sino que se evidencia una mayor debilidad de fondo.

Es frecuente también el uso de actitudes descalificadoras ocasionales, aunque también ocurre frecuentemente encontrarse con personalidades para las cuales menoscabar al otro es un hábito.

Si bien en las situaciones predominantemente emotivas se profieren términos denigrantes, no es allí donde se encuentra la dificultad, pues puede tratarse de la catarsis inicial que opera como una descarga en ocasiones necesarias pero que una vez diluida, permite iniciar el camino a una solución.

En cambio las formas más sutiles o encubiertas de descalificación son las que dificultan más el proceso comunicacional, pues engendran defensas y bloqueos más difíciles de disolver.

Tal el caso de gestos de desprecio o desaprobación, el continuo cambio de tema, restar importancia a las vivencias que se transmiten contraponiendo las propias, o dar consejos "paternales" para colocar al otro en un nivel inferior.

Todas esas modalidades, así como criticar y culpabilizar al otro, se utilizan con ese propósito, pero como ya pusimos de manifiesto, incrementan la animadversión, conllevando al consiguiente rechazo de cualquier propuesta.

Los ocultamientos o engaños son otras de las triquiñuelas tácticas y quizás las más utilizadas para obtener ventajas y eludir los supuestos riesgos que implicaría actuar con mayor franqueza.

Las actitudes de intransigencia total o "dar el portazo"terminan perjudicando a quienes las practican como se ve con un simple ejemplo hipotético.

Una inmobiliaria trasmite una oferta de $ 50.000 por un departamento de Juan que lo cotizó en $ 65.000 con expectativas de lograr como mínimo $ 60.000.

Pedro, el interesado ofrece $ 55.000 aunque está dispuesto a llegar hasta $ 60.000, pero recibe como respuesta "$ 65.000 o nada" y como este sigue la misma táctica del vendedor se frustran ambos por no dejar traslucir la opción a zanjar la diferencia en cifra ventajosa para ambos.

George A. Berloff (1970) analizaba esta situación a través de la modalidad de negociación de autos usados. En estos casos las condiciones del vehículo (mantenimiento, defectos o virtudes) son conocidas por el vendedor pero el comprador no puede recibir garantías pues del uso posterior pueden originarse problemas que no preexistían.

El comprador enfrenta el dilema que cualquier precio que pueda ofertar debido a su desconfianza y desconocimiento del estado real del automóvil, no podrá ser aceptado por el propietario que conoce su alta calidad y buen estado, y en cambio sí lo aceptará el dueño del que no está en buen estado.

El análisis concluye en que las dudas y desconfianzas del comprador determinan que nunca se obtendrá una distribución óptima del beneficio para ambos, a menos que se superen las desigualdades de información entre las partes.

La obtención de dictámenes de expertos neutrales es una de las formas de superar este dilema y concluimos señalando que cualquier método que contribuya a equilibrar desigualdades de información recíprocas ayudará a optimizar la distribución de las utilidades posible para ambos.

A la dificultad para discernir entre los múltiples intereses entrecruzados se suman los inconvenientes que provocan los típicos personajes que pretenden transmitir su imagen de "infalible", "duro", "ganador", "intransigente", "perro guardián", etc.

Es de hacer notar que si bien esa imagen suele estar dirigida principalmente a su "cliente", tiene como consecuencia instaurar la controversia en el marco hiper-competitivo y cerrado a toda posibilidad de información recíproca, que obviamente no es el más adecuado para resolver la disputa sino más bien actúa como incentivador de su preservación o escalada.

II. Recuperando la visión de la justicia

Valga a esta altura una mención a la convergencia que se advierte tanto en los países donde rige el "common Law" y aquellos regidos por el Derecho Continental, entre el ámbito judicial y el de los métodos de manejo de disputas voluntariamente asumido por los contendientes.

El propio concepto de Justicia muestra una evolución (o involución) que trasciende del dar a cada uno lo suyo en base a la fría letra de la ley, e incluso la pretensión de reciprocidad que –como ya lo advirtiera Platon en boca de Trasimaco– en la práctica se desvía hacia "lo que es provechoso al más fuerte". (Véase Brian Barry, *La justicia como imparcialidad.*) (39)

Desde la filosofía jurídica y las propuestas académicas se ha comenzado a propugnar y practicar la llamada Justicia Terapéutica o Restauradora, que reconoce la incapacidad de la simple sanción para proveer a una vida en comunidad aceptable, así como también relativiza la primacía irrestricta de los derechos individuales, que comienza, y vuelve, a ceder frente al superior interés de la comunidad.

En Brasil se suceden los fallos que van más allá de los textos legales, al amparo de lo que denominan "Novo Direito", cuyo correlato en la Argentina ha sido precursoramente esbozado por la que el juez y profesor argentino Alberto Bueres llamó "Justicia con alma".

Su extensión a las restantes áreas jurisdiccionales es no sólo un desiderátum sino parte del inexorable cambio que, como antes dijéramos, requiere y de hecho experimentan los sistemas jurídicos en el mundo occidental.

El jurista español Ballesteros expresó magistralmente los fundamentos de la función de impartir justicia al decir "La valoración positiva del derecho aparece cuando se reconoce la paridad ontológica entre el yo y el otro, y no allí donde se potencia o afirma unilateralmente el yo al estilo de Nietzsche o Sartre".

A tal punto se advierte esta tendencia, que el Supremo Tribunal de La Haya resolvió en casos presentados por España y Canadá, y entre los países del Mar Báltico solamente instar a las partes a poner el máximo esfuerzo para llegar a una solución negociada, y se abstuvo de emitir un fallo, reconociendo la imposibilidad de resolver en favor de una u otra con adecuado sustento.

La mención a una involución efectuada más arriba, se debe a la multiplicidad de antecedentes de sistemas que asignan a la Justicia el rol de pacificación, alguno de los cuales se han preservado en tribus como los navajos, cuya organización social autónoma en Estados Unidos los muestra sobreviviendo como comunidad no exenta de adaptación al progreso, pero manteniendo incólume ese concepto con sus Cortes de Pacificación, establecidos en 1982 sin romper con su tradición y produciendo la innovación a través de una mezcla de sus ancestrales prácticas de mediación y Tribunal del estilo anglosajón (Ver James W. Zion, "The Navajo Peacemaker Court. Defference to the Old and accomodation to the New". op. cit.).

Comunidades como los Amish o los Quákeros y tribus indígenas sudamericanas preservan desde tiempo inmemorial similares métodos, incluyendo el arbitraje, y tanto en China Continental y Sri-Lanka como en algunos de los países árabes se encuentran muestras del carácter de Universalismo cultural de los sistemas de pacificación, sólo olvidados por el auge del sistema normativo-jurisdiccional actual, que aunque nos parezca de siempre, sólo ha sido creado en época reciente, y perdurado por el minúsculo lapso de dos siglos, lapso irrelevante si lo consideramos en el marco de la extensa historia de la Humanidad.

Este "olvido" es más evidente si nos retrotraemos al Código de Procedimientos Francés de 1806 así como sus réplicas en Latinoamérica, que otorgaban función esencial a la figura de los Jueces de Paz con fines de lograr conciliación entre las partes y comprobamos que fueron poco a poco borrados del mapa.

Este reverdecer de conceptos ancestrales abona nuestra creencia que la paralela evolución de la nueva versión de los métodos no confrontativos es correlativa y convergente con el "aggiornamiento", del sistema jurisdiccional, tendiendo a coincidir ambos en una función única para preservar el funcionamiento armónico de los factores componentes del esquema social.

Repetimos aquí una idea que nos surgió en la medida que analizábamos el proceso y progresos de los así llamados ADR (Resolución alternativa de Disputas).

Advertimos una clara tendencia a pasar de la era del menú fijo heteronómico para el manejo de la conflictividad (sistema jurisdiccional) a las opciones del menú "a la carta", donde los interesados pueden elegir no solo neutrales sino incluso el método, la jurisdicción y la ley aplicable, complementando las primeras manifestaciones de un Derecho Universal que emanan de Tratados y

Convenciones Internacionales y los intentos de las Naciones Unidas para regular y facilitar el Comercio Internacional, unificando reglas, términos, y creando instituciones al efecto.

Este fenómeno, así como la sincrónica y globalizada reaparición de los métodos ancestrales no es sino el indicador de un cambio cultural más drástico y profundo, que no debe sorprender en tanto lo mismo ocurre en las más diversas áreas del desarrollo humano.

Lo que sí debe, no sorprendernos sino alertarnos, es la rémora que sufre el sistema jurídico y el Derecho en General, si se lo compara con otras disciplinas y funciones sociales que están actualizándose y adaptándose permanentemente.

Valga solo la comparación con la medicina, volviendo a preguntarnos qué sería de la Salud Pública de los megaconglomerados urbanos si, operando con el mismo cansino paso que el Derecho frente a los requerimientos de la sociedad, no hubiera logrado los avances en trasplantes, genética, tomografías, aplicaciones nucleares, láser y la parafernalia de tecnologías extensiva a la cirugía, medicamentos, antídotos y vacunas.

La necesidad de cambio es notoria, y las nuevas realidades exigen una drástica reforma estructural del sistema, y no meras modificaciones cosméticas que apenas dilatan la eclosión de la crisis, lo cual, si bien se viene insinuando, no se percibe como asequible a corto plazo. El avance de los métodos no confrontativos es notorio, el proceso de integración al organigrama jurídico y a la cultura misma es lento, mientras el frenético impulso al cambio en todos los estamentos sociales continúa inexorablemente, por lo que queda a merced de acciones individuales el progreso y expansión de las alternativas de cada caso, para que a través del uso de las opciones disponibles generen lo que, a similitud del proceso de fisión atómica se denomina "masa crítica", producida por la progresión geométrica de nuevas actitudes frente a los conflictos, que reconozcan la innegable interdependencia entre todos los miembros de grupos, comunidades, Estados, y de estos entre sí.

Un modesto e inerme líder, Mahatma Gandhi que logró universal respeto y admiración al sobreponer a su pueblo sin violencia alguna al poderoso dominio inglés en la India, acuñó una expresiva frase que puede manifestar el valor de la sumatoria de acciones aisladas e individuales para cambiar el curso de la historia o generar cambios trascendentes a todo nivel: "Nosotros somos el cambio que deseamos ver en el mundo".

Las manifestaciones perceptibles en casi todo el planeta muestran que ese proceso ha tenido inicio, y múltiples indicadores prenuncian la evolución en el sentido que antes describiéramos.

El desafío nos concierne, y está en nosotros sumarnos o aceptar las consecuencias.

III. Colofón

Las necesidades que plantea el incremento de la conflictividad a nivel global y particularmente en los ámbitos político y comercial, con sus correlativas complicaciones técnicas, así como el continuo surgimiento de nuevas áreas de controversias demanda – como dijimos – una permanente adaptación de las técnicas y métodos para hacer frente al desafío y en ese intento – permanente y perseverante – nos encuentra el paciente lector, advertidos de las dificultades que engendra circunscribir en breves páginas la infinita variedad de procesos entrecruzados que origina la interacción de energías, sentimientos e intereses humanos entre sí, con sus a veces maravillosas y otras atroces creaciones.

Sabemos sí, que estamos en el buen camino, propugnando la sustitución de sistemas o métodos hoy ya inadecuados, ineficientes y antieconómicos por aquellos que construyen consensos en lugar de dividir, que restauran relaciones disipando resentimientos y en fin, que facilitan el ejercicio pleno y autónomo del poder de decisión para enfrentar con eficiencia un entorno cada vez más complejo y consecuentemente cada vez más conflictivo.

Albert Einstein dejó planteado un problema y un desafío cuando sostuvo "...Con la llegada de la era moderna todo ha cambiado con la excepción de nuestra manera de pensar sobre el conflicto" y continuó "es insania pretender solucionar problemas basándose en los mismos términos que han contribuido a crearlos". Allí encontramos magistralmente expresada la necesidad de un enfoque "transgresor" del "statu quo" que opere para transformar la estructura rigidizada del proceso conflictivo, lo cual empieza –como señalamos– por cambiar el mismísimo concepto del conflicto.

Si, como hemos comprobado con el caso europeo, la acertada interpretación y el manejo adecuado de los conflictos, además de producir un cambio cultural que asegura la paz y la armónica convivencia aún entre viejos enemigos, constituye un paso en pos de mayor eficiencia y prosperidad individual y comunitaria, tomar en cuenta el desafío no será en vano.

El manejo adecuado de los conflictos es la llave para mejorar el desempeño individual y colectivo, y la puerta a trasponer es la que limita la autonomía, premisa y condición del más preciado de los objetivos: LA LIBERTAD, que es menoscabada cada vez que un conflicto ingobernado o ingobernable nos coloca a su merced.

BIBLIOGRAFÍA

1. *The 7 Habits of Highly Effective People*, Covey, Paperback.
2. *El hombre y sus símbolos*, Carl Jung, Biblioteca Universal Contemporánea.
3. *Cultura y conflicto*, Ricardo Maliandi, Editorial Birlos.
4. *The Magic of Conflict*, Thomas Crum, Simon & Schuster.
5. *Confianza* (Trust) F. Fukuyama, Atlántida.
6. *El fin de las certidumbres*, Ilya Prigogyne, Editorial Andrés Bello.
7. *La trama de la vida*, Fritzof, Capra, Anagrama.
8. *La naturaleza del prejuicio*, Gordon Allport, Eudeba.
9. *Psicología social*, Jean Maisonneuve, Paidós.
10. *El arte de lograr acuerdos*, Gabriel Justiniano, Lumen-Humanitas.
11. *The Clash of Civilizations*, Huntington, Paperback.
12. *Legitimation Crisis*, Jurgen Habermas, Beacon Press, London.
13. *El nuevo príncipe*, Dick Morris, Editorial El Ateneo.
14. *El pensamiento lateral*, Edward de Bono, Paidós.
15. *Getting it Done*, Roger Fisher, Alan Sharp, Harper Business.
16. *La inteligencia emocional*, Daniel Goleman, Vergara Editor.
17. *El líder resonante crea más*, Goleman, Boyatzis & Mc Kee, Plaza & Janés.

18. *Los fundamentos de la sociometría*, Moreno J.L., Paidós, 1961.
19. *Difficult Conversations*, Stone, Patton, Heen, VIKING.
20. *The Art of Negotiating*, Gerard Nierenberg, Hawthorm & Dutton, NY.
21. *Beyond Machiavelli. Tools for Coping with conflict*, en colaboración con Roger Fisher.
22. *The Power of Nice: How to Negotiate So Everybody wins*, Ronald Schapiro & Mark Jankowski, James Dale.
23. *Introducción al derecho hebreo*, A. Skorka, Eudeba.
24. *Conflict Resolution in The Arab World*, Edited by Paul Salem. University of Beirut.
25. *Community & Conscience, Tribal Peace Making*, Phyllis Bernard, University of Toledo Law Review 1996.
26. *The Kua. Life and Soul of the Central Kalahari Bushmen*, Carlos Valiente Noailles, A.A. Balkeman Publisher Rotterdam.
27. *Essays in Sociology*, Max Weber, Randall Collins.
28. *The Argument Culture*, Deborah Tannen, Ballantine Books.
29. *Seis sombreros para pensar*, Edward de Bono, Editorial Granica.
30. *Psychological Barriers to Dispute Resolution in M. Zanna. Experimental Social Psychology*.
31. Stillinger y otros (manuscrito no publicado), Stanford University.
32. *Judgment Under Uncertainty*, Kahneman, Slovic and Tversky, Cambridge University Press.
33. *Social Behaviour*, Homans, G.C. Hartcourt, Brace & World.
34. *Advances in Experimental Social Psychology*, Adams J. S. New York Academic Press.
35. *Why Negotiation Fails*, Robert Mnookin, Ohio State Journal on Dispute Resolution.

36. *Social Utility and Decision making in Interpersonal Contexts.* Loewenstein, Thompson & Bazerman, *Journal of Personality and Social Psychology,* 57, 3.
37. *Principal and Agents. The Structure of Business.* Pratt & Zeckhouser, Harvard University Press.
38. *Rational Bargaining and Market Efficiency.* R Mnookin & R. Wilson. Understanding Pennzoil vs. Texaco, Virginia Law Review, 75, 295-334.
39. *La justicia como imparcialidad,* Brian Barry, Paidós.

OTRAS FUENTES

- *Las nuevas realidades,* Peter Drucker, Editorial Sudamericana.
- *Fundamentals on Negotiating,* Gerard Nierenberg-Hawthorn / Dutton, New York.
- *In Conflict and Order,* Stanley Eitzen - Allyn & Bacon.
- *El negociador completo,* Gerard Nierenberg, Estudio Cariole Sanz.
- *The Art of Creative Thinking,* Gerard Nierenberg, Simon & Schuster.
- *Do it Right the First Time,* Gerard Nierenberg, John Wiley & sons, New York.
- *El arte de la guerra,* Sun Tzu, Editorial Fundamentos.
- *Filosofía del derecho,* Henri Batiffol, Eudeba.
- *Do it Right the First Time,* Gerard Nierenberg, Wiley.
- *Getting It done,* Roger Fisher & Alan Sharp, Harper Business.
- *Harvard Business Review,* Liderazgo, Deusto.
- *Breaking the Impasse,* Susskund Crukshaw - Basic Books.
- *The Gutenberg Galaxy,* Marshall Mc Luhan - The New American Library.

- *Yo y tú*, Martin Buber, Ediciones Nueva Visión.
- *Grupos humanos*, W. Sprott, Paidós.
- *Temps et Ordre Social*, Sue, Presses Universitaire de France.
- *L'Homme Devant L'Incertain*, Prigogyne, Editions Odile Jacob.
- *La conducta del hombre*, Smith & Smith, Eudeba.
- *El derecho y las ciencias sociales*, J. Stone, Fondo de Cultura Económica.

ÍNDICE

El prólogo más deseado 9

"Carta a las futuras generaciones" 13

Prefacio 23

PRIMERA PARTE
I. Introducción 31
    Controlar los conflictos o ser conducido
    por ellos: la alternativa esencial 31
II. Precisiones terminológicas. El conflicto
    como proceso 41
    A propósito de palabras, ¿será
    sólo la paz el objetivo deseado? 47
III. El conflicto es inevitable (y eventualmente
    valioso) 51
    Un poco de historia 57
    Las secuelas de un desastre natural 59
IV. La diferente actitud ante los conflictos
    determina éxitos o fracasos 63
    La naturaleza del conflicto 64
V. Causas y efectos 75
VI. La danza de los opuestos 91
VII. Interpretación del conflicto 97
    El conflicto es un mensaje 98

SEGUNDA PARTE

I.   El proceso restaurador. La inversión
     del flujo energético 105

II.   El liderazgo espontáneo y sus objetivos:
     cómo lograrlo y consolidarlo 113
     Estilo propio vs. Menú "a la carta" 120
     Empatía vs. Manipulación 127

III.   Comunicación y negociación.
     Componentes básicos del proceso
     reversor.. 131
     Negociación Cooperativa vs.
     Negociación competitiva 137
     Negociación teórica vs.
     realidad negocial. Cómo interaccionan
     estilos diferentes 141
     La efectividad de los estilos de
     negociación 143
     Una combinación eficaz 147
     Conclusiones 151
     El entorno del negociador. Su
     importancia 153
     Negociación asistida. Equipo
     negociador 157

IV.   La participación electiva y táctica de
     terceros.. 159
     Las paradojas de las negociaciones
     colectivas o múltiples...................... 165

V.   Conflictos de intereses en el grupo 167
     Caso II. Una experiencia significativa 169
     Caso III. Incidencia de un error 174

VI.   ¿A quién benefician ciertos conflictos? 179

VII.   ¿Afectan los enfrentamientos sólo a los
     involucrados?................................. 183

VIII. El tercero neutral. ¿Un recurso
     primitivo? Su inalterable eficiencia con
     nuevas modalidades 187
IX. Algunas estrategias de manejo de la
     conflictividad en casos complejos
     o multipartes 201
     Caso IV. El medio ambiente agitado 206
X. Resolución de disputas en el ciberespacio . 209

TERCERA PARTE
I. Mecanismos de supervivencia de los
     conflictos. Obstáculos a superar en
     la negociación 215
     1. Vallas culturales 216
     2. Barreras psicológicas 221
         Prejuicios 226
         La selectividad perceptiva 228
     3. Desvíos actitudinales 229
         Devaluación reactiva 230
         La sobrevaluación de las propias
         posibilidades 231
         Aversión a la derrota 233
         La compulsión por obtener justicia
         y equidad 235
         Necesidad de represalia o venganza 237
     4. Barreras institucionales.................. 238
     5. Barreras tácticas 241
II. Recuperando la visión de la justicia 245
III. Colofón 251

Bibliografía................................... 253